EDUCAÇÃO FÍSICA,
ESPORTE E INCLUSÃO

MARIA LUÍZA TANURE ALVES
ISABELLA DOS SANTOS ALVES
NÁTHALI FERNANDA FELICIANO
LARISSA DE OLIVEIRA E SILVA
EDISON DUARTE

EDUCAÇÃO FÍSICA, ESPORTE E INCLUSÃO

PAPIRUS EDITORA

Capa	Fernando Cornacchia
Coordenação	Ana Carolina Freitas
Copidesque	Laís Souza Toledo Pereira
Diagramação	Guilherme Cornacchia
Revisão	Marco Antonio Storani

Dados Internacionais de Catalogação na Publicação (CIP)
(Câmara Brasileira do Livro, SP, Brasil)

Educação física, esporte e inclusão / Maria Luíza Tanure Alves... [et al.]. – 1. ed. – Campinas, SP: Papirus Editora, 2025.

Outros autores: Isabella dos Santos Alves, Náthali Fernanda Feliciano, Larissa de Oliveira e Silva, Edison Duarte.
Bibliografia.
ISBN 978-65-5650-210-6

1. Capacitismo 2. Educação inclusiva 3. Educação física 4. Inclusão social 5. Interseccionalidade 6. Pessoas com deficiência – Educação I. Alves, Maria Luíza Tanure. II. Alves, Isabella dos Santos. III. Feliciano, Náthali Fernanda. IV. Silva, Larissa de Oliveira e. V. Duarte, Edison.

25-254937 CDD-371.904486

Índices para catálogo sistemático:

1. Educação física: Educação inclusiva 371.904486

Eliane de Freitas Leite – Bibliotecária – CRB-8/8415

1ª Edição – 2025

Exceto no caso de citações, a grafia deste livro está atualizada segundo o Acordo Ortográfico da Língua Portuguesa adotado no Brasil a partir de 2009.

Proibida a reprodução total ou parcial da obra de acordo com a lei 9.610/98.
Editora afiliada à Associação Brasileira dos Direitos Reprográficos (ABDR).

DIREITOS RESERVADOS PARA A LÍNGUA PORTUGUESA:
© M.R. Cornacchia Editora Ltda. – Papirus Editora
R. Barata Ribeiro, 79, sala 316 – CEP 13023-030 – Vila Itapura
Fone: (19) 3790-1300 – Campinas – São Paulo – Brasil
E-mail: editora@papirus.com.br – www.papirus.com.br

A todos aqueles que por silêncios e negações sociais não puderam escrever aqui de próprio punho a sua desigualdade assumida como normalidade.

SUMÁRIO

APRESENTAÇÃO 9

1. DEFICIÊNCIA E SOCIEDADE: SOBRE
   CONCEITOS, ENTENDIMENTOS E PRÁTICAS 13

2. INTERSECCIONALIDADE NO ESPORTE E NA EDUCAÇÃO
   FÍSICA: UM LABIRINTO DE SILÊNCIOS E PRIVILÉGIOS 33

3. MENINAS E MULHERES COM DEFICIÊNCIA NO ESPORTE:
   DO "CAFÉ COM LEITE" AO ESPORTE PARAOLÍMPICO
   DE RENDIMENTO 51

4. SOBRE O NORMAL E O DIFERENTE NA EDUCAÇÃO FÍSICA:
   CAPACITISMO E O ALUNO COM DEFICIÊNCIA 69

5. O JOGO E A CRIANÇA COM DEFICIÊNCIA NA
   EDUCAÇÃO FÍSICA ESCOLAR 93

APRESENTAÇÃO

O *Relatório mundial sobre a deficiência*, publicado em 2011 pela Organização Mundial da Saúde e pelo Banco Mundial, divulgou a informação de que há um bilhão de pessoas com deficiência no mundo. Assim, as pessoas com algum tipo de deficiência constituem o maior grupo minoritário do mundo. Isso corrobora a afirmação de Goodley (2021) de que, apesar da crença comum de que é algo raro ou distante, a deficiência é onipresente em nossa sociedade. Ela é encontrada em todas as sociedades, do Oriente ao Ocidente, sendo parte da vida de pessoas independentemente de raça, sexo, idade e classe.

Nesse sentido, gosto muito de um pensamento da autora Garland-Thomson (2011, p. 17, tradução nossa), que diz que "a deficiência é a mais humana das experiências, afetando todas as famílias e – se vivermos o suficiente – afetando a todos nós". Entretanto, apesar da sua constância em nossas vidas, ainda temos dificuldades ao nos depararmos com a deficiência. O entendimento de deficiência tem assumido diferentes valores e significados ao longo dos anos, sendo moldado pelas narrativas sociais que construímos a respeito daquilo que elegemos sobre o que é ser humano e o que é ser normal.

A deficiência foi socialmente construída como uma anormalidade, como um problema ou uma doença individual, reduzida aos aspectos biológicos e fisiológicos do corpo (Thomas, 2004). Como tal, ela tem sido representada por meio de uma narrativa coletiva opressiva, dirigida a indivíduos com uma vasta gama de diferenças físicas, mentais e emocionais, o que cria uma classe social excluída e marginalizada. Apesar dos progressos relativos à igualdade de direitos e oportunidades para as pessoas com deficiência, as narrativas em torno dela continuam a manifestar-se e a perpetuar-se pela opressão social contra indivíduos cujos corpos deficientes são considerados desviantes (Davis, 2016).

É com base nessas narrativas que este livro se estrutura como uma proposta de reflexão inicial para a mudança necessária. Nosso objetivo é apresentar questionamentos quanto às nossas verdades universais e comuns sobre deficiência no campo do esporte e da educação física. É tempo de reimaginar a deficiência.

No Brasil e no mundo, o campo da atividade física adaptada (AFA), voltada à prática esportiva, do exercício, da recreação e da educação física para a pessoa com deficiência, vem se estruturando desde a década de 1990 pelo viés da inclusão como direito. Nesse cenário, a AFA vem acompanhando historicamente o movimento de crescimento das discussões referentes ao direito da pessoa com deficiência. São discussões antigas e que evoluem à medida que reformulamos nossas narrativas acerca do que é deficiência e do que é ser humano.

Assim, acreditamos que estamos novamente em tempo de mudança na nossa forma de olhar a deficiência nesse campo, e sobretudo mudar nossas narrativas. Desse modo, os capítulos aqui apresentados têm como proposta trazer reflexões sobre como entendemos a deficiência no campo do esporte e da educação física com base no olhar dos estudos da deficiência (*disability studies*), um campo de estudo que afirma a deficiência como uma identidade individual e coletiva.

Como reflexões apenas iniciais, mas necessárias, estamos longe de apontar respostas definitivas – até porque definições nos limitam. Este livro foi construído coletivamente por meio das discussões empreendidas entre o Grupo de Estudo em Atividade Física Adaptada e Esporte Paralímpico e o Grupo de Estudo em Mulher, Esporte e Deficiência na Universidade Estadual de Campinas. Assim, as discussões e os questionamentos aqui abordados são fruto de dois anos de estudos e inquietações em face do cenário da pesquisa em AFA e da nossa realidade de prática como professores e treinadores.

A proposta aqui não nega os conhecimentos e conceitos construídos historicamente, mas sim se coloca a partir desse crescimento histórico. Ao longo dos capítulos, nos questionamos sobre o que acreditamos ser deficiência, desafiando entendimentos baseados na lesão corporal ou na funcionalidade, e nos propusemos a repensar a deficiência como uma narrativa social estruturada em torno de conceitos de normalidade e habilidade.

No primeiro capítulo, buscamos apresentar o campo dos estudos da deficiência, abordando sua estruturação histórica e seus conceitos principais, bem como, posteriormente, suas interlocuções com o campo da AFA. No segundo capítulo, navegamos no mundo da interseccionalidade, um conceito necessário, mas ainda distante das nossas discussões no campo do esporte e da educação física. Entender a deficiência como identidade nos exige reconhecer o processo interseccional de sua construção permeado por silêncios e privilégios definidos por nossas crenças sobre raça, sexo, classe. O terceiro capítulo discute crenças e valores da mulher com deficiência no esporte. Nesse ponto, é tempo de questionar a intersecção das nossas crenças sobre gênero e deficiência. O quarto capítulo se debruça sobre o capacitismo na educação física escolar, questionando as formas como construímos esse conteúdo curricular com base no corpo não deficiente. No último capítulo, é realizada uma discussão crítica do jogo como conteúdo curricular, considerando o aluno com deficiência e suas possibilidades de expressão individual e coletiva.

As discussões aqui propostas expõem um novo cenário para o campo da atividade física adaptada, questionando verdades universais e relações de poder instituídas socialmente. É tempo de mudança, e este livro é apenas o passo inicial nessa direção. É tempo de repensar quem é o normal e quem é o deficiente. Nesse caminho, é tempo de repensar quem definiu quem é quem.

Maria Luíza Tanure Alves

Referências

DAVIS, L. J. Introduction: disability, normality, and power. *In*: DAVIS, L. J. (ed.). *The Disability Studies reader*. Nova York: Routledge, 2016. p. 1-16.

GARLAND-THOMSON, R. Integrating disability, transforming feminist theory. *In*: HALL, K. Q. (ed.). *Feminist disability studies*. Indiana: Indiana University Press, 2011. p. 13-47.

GOODLEY, D. *Disability and other human questions*. Londres: Emerald Publishing, 2021.

ORGANIZAÇÃO MUNDIAL DA SAÚDE; BANCO MUNDIAL. *Relatório mundial sobre a deficiência*. Trad. Lexicus Serviços Linguísticos. São Paulo: SEDPcD, 2012 [*World report on disability*, 2011].

THOMAS, C. How disability is understood? An examination of sociological approaches. *Disability & Society*, v. 19, n. 6, p. 569-583, 2004.

1
DEFICIÊNCIA E SOCIEDADE: SOBRE CONCEITOS, ENTENDIMENTOS E PRÁTICAS

Precisamos questionar a deficiência. Quando observado no dicionário, o substantivo feminino com seis sílabas denominado "de-fi-ci-ên-ci-a" é sinônimo de falta, falha e até imperfeição. Tais usos na língua portuguesa estão predispostos aos mais variados contextos, sentidos e significados, evidenciando sua polissemia no Brasil e no mundo. Ancorada em diferentes perspectivas sobre a deficiência, também denominadas "modelos de compreensão da deficiência", a pluralidade desse fenômeno se manifesta e se difunde por meio dos discursos na sociedade.

Dois modelos de compreensão da deficiência são considerados clássicos e têm sido predominantes nos últimos 50 anos: o modelo médico e o modelo social (Mello; Nuernberg; Block, 2014). É sobre eles que gostaríamos de conversar e aprofundar neste capítulo. Com o objetivo central de descrever e esclarecer os modelos de compreensão da deficiência, nossa tarefa principal é promover a inclusão dos estudos da deficiência na grande área de atividade física adaptada, reconhecendo a interdisciplinaridade desses campos e acreditando na possibilidade de fortalecimento da identidade da pessoa com deficiência, bem como no aprimoramento da formação profissional, mediante a união de ambas as áreas.

A fim de exemplificar esses modelos, gostaríamos de expor um breve experimento realizado no ano de 2022 com um grupo de alunos ingressos no curso de Educação Física no ensino superior. Na ocasião, foi proposto que eles respondessem ao seguinte questionamento: qual é o significado de *deficiência* para você? Não houve explicação prévia sobre os modelos de compreensão da deficiência, tampouco foi disponibilizado um tempo para discussão sobre a temática. A recomendação foi bem simples: escreva a primeira palavra que vier à sua mente. Com o auxílio de uma plataforma digital denominada Mentimeter,[1] em poucos minutos obtivemos as respostas dos alunos e, infelizmente, não fomos surpreendidas por elas.

---

1. A plataforma digital utilizada foi a Mentimeter, que oferece o recurso de nuvem de palavras de forma *online* e gratuita. Para mais informações, confira: https://www.mentimeter.com/pt-BR/features/word-cloud. Acesso em: 23 nov. 2024.

Figura 1: Nuvem de palavras com as respostas obtidas pelos alunos do primeiro ano do curso de Educação Física

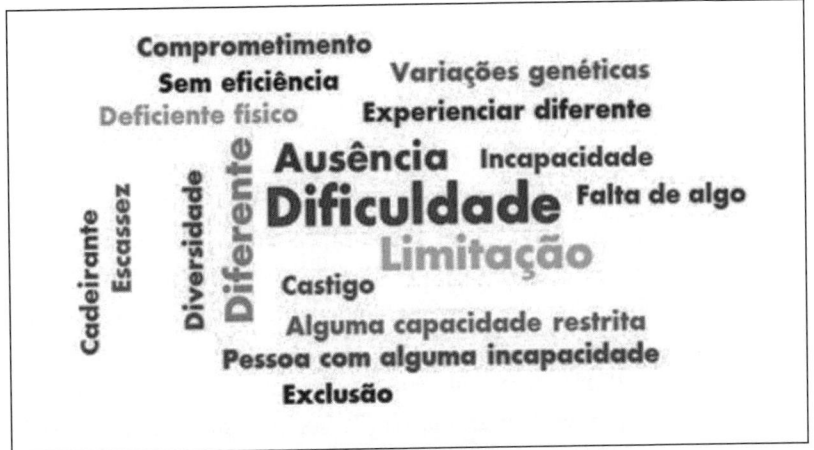

Nota: A figura apresentada, em formato de "nuvem de palavras", corresponde à dinâmica realizada com alunos do curso de Educação Física. As palavras, dispostas aleatoriamente no espaço, são as respostas dos alunos mediante a pergunta: qual é o significado de deficiência para você? As palavras que foram inseridas como respostas são: comprometimento, sem eficiência, deficiente físico, cadeirante, escassez, diversidade, diferente, variações genéticas, experienciar diferente, ausência, dificuldade, limitação, castigo, alguma capacidade restrita, pessoa com alguma incapacidade, exclusão, incapacidade e falta de algo. Quatro das 18 palavras estão apresentadas em maior tamanho, porque foram citadas por mais de um aluno. São elas: dificuldade, limitação, ausência e diferente.

Após o recolhimento das respostas, as palavras foram discutidas e alinhadas às diferentes formas de compreender a deficiência na sociedade. Juntos, fomos capazes de identificar que as palavras sugeriam que a deficiência era imaginada como limitação, opressão social ou vetor identitário. Nesse processo, também conseguimos refletir de que modo a forma de concebermos a deficiência influencia na maneira como nos expressamos e trabalhamos *como* e *com* pessoas com deficiência na sociedade.

Modelo médico de compreensão da deficiência

Foco na limitação

Envoltos em uma cultura que padroniza corpos, comportamentos e modos de ser no mundo, grande parte dos alunos apresentou respostas que vão ao encontro do que é conhecido como o modelo médico de compreensão da deficiência. Pelos pressupostos desse modelo, a deficiência se traduz em *limitação*[2] e *incapacidade*. Consequentemente, nessa perspectiva, as pessoas com deficiência vivem a deficiência como uma tragédia individual (Goodley, 2011; Lobianco; Sheppard-Jones, 2007; Thomas, 2004). A relação causal entre nascer e/ou adquirir uma deficiência e vivenciar a marginalização social é inerente ao modelo médico (Diniz, 2007). Nesse sentido, há um estigma que se retroalimenta à medida que a pessoa é categorizada como diferente e é inferiorizada pelo seu *status* de anormalidade, instituído com base em normas de corpo e comportamento (Goffman, 1963; Mello; Nuernberg; Block, 2014).

Limitação é uma palavra muito frequente no modelo médico, sendo, inclusive, uma das mais citadas pelos(as) alunos(as) do experimento. Nesse âmbito, a deficiência é vista como uma incapacidade individual. Ou seja, é a pessoa com deficiência a responsável pela sua característica, que é depreciativa. Em outras palavras, a *dificuldade* que muitas vezes ela enfrenta em locais que não são acessíveis se deve à sua não conformidade em relação ao corpo sem deficiência, por exemplo (Mello; Nuernberg; Block, 2014). Nesse terreno, a pessoa usuária de cadeira de rodas é inferiorizada em comparação com aquela que não faz o uso do dispositivo. Ou a pessoa que faz o uso do cão-guia é estigmatizada em relação àquela que não o utiliza. Esses e outros exemplos apontam a deficiência como o desvio, o *diferente*.

---

2. As palavras respondidas pelos(as) alunos(as) participantes do experimento foram colocadas em itálico ao longo do texto. As palavras de língua estrangeira também estão nesse formato.

Nesse terreno, a deficiência também pode ser compreendida como sinônimo de doença, por articular um estado comum de enfermidade (Barnes; Oliver; Barton, 2002). Com isso, esses entendimentos criam um espaço de tratamento, tentativas de reversão e/ou medicalização da pessoa (Deegan, 2010). Dessa forma, as circunstâncias do modelo médico promovem um objetivo comum de normalização dos corpos com deficiência (Haegele; Hodge, 2016) e dos comportamentos desviantes (Mitra, 2006), já que, nessa concepção, a pessoa com deficiência é considerada *sem eficiência*. Essa ideia coloca a pessoa como um desvio da constituição funcional, corporal ou intelectual ordinária – o normal.

Segundo Garland-Thomson (2009), ser ordinário é ser normal, devidamente apresentável. Na verdade, uma das principais liberdades concedidas ao ordinário é a desatenção civil – isto é, a liberdade de ser discreto, de não ser uma pessoa que é encarada (Garland-Thomson, 2009, p. 46). Nesse sentido e, em uma via de mão única, profissionais se ocupam da função de eliminar ou minimizar as desvantagens advindas das limitações e incapacidades dos pacientes. Sim! No modelo médico, as pessoas se tornam pacientes ao serem impostas a uma posição de *comprometimento* e *variações genéticas*, como destacado pelos alunos no experimento inicial. Elas passam a "portar" a diferença na medida em que lhes é imposta uma noção de *falta de algo* ou *escassez*. Termos como "amputado" e "paraplégico" brotam nesses cenários de discriminação e são atribuídos às pessoas antes mesmo de seus nomes. É como se houvesse uma concorrência entre a característica que precisa de reparo – a deficiência – e a própria pessoa. Nessa disputa, o atributo físico, sensorial ou comportamental que a torna diferente de outras pessoas se sobressai e revela um estigma – uma particularidade depreciativa (Goffman, 1963).

Advindo dessas perspectivas, há também um desencadeamento de outros termos pejorativos, como "aleijado", "perna de pau", "mongoloide" e outras tantas nomenclaturas que questionam a ordem normativa esperada às pessoas (Donoghue, 2003) e, sobretudo, se revelam como discursos capacitistas.[3] Com isso, é comum que pessoas com deficiência relatem que seus pares sem deficiência as caracterizam como "coitadinhas", ou até mesmo como pessoas que clamam a Deus por uma cura. Uma vez que o modelo médico abre espaço para a compreensão da tragédia individual, o nascimento ou a aquisição de uma ou mais deficiências pode ser considerado um *castigo*.

As discussões envolvendo o estigma e a ideia associada à tragédia individual impulsionaram precursores do chamado modelo social em meados dos anos 1970 e possibilitaram a construção sociológica da deficiência (Diniz, 2007). As nomenclaturas até então utilizadas precisavam ser questionadas, como é o caso das respostas obtidas pelos alunos no ano de 2022. Como esses futuros profissionais conduzirão suas práticas reconhecendo que as pessoas com deficiência são aquelas *sem eficiência*? A busca pela desconstrução desses pensamentos é urgente, uma vez que se entende que a compreensão que antecede a prática é tão importante quanto a própria prática.

Crianças, jovens e adultos com deficiência frequentemente desconhecem as possibilidades de prática, porque a atividade física e o esporte não são realidades no seu cotidiano (Fitzgerald, 2009; Haycock; Smith, 2011). Vejamos por este lado: nas escolas as atividades são predominantemente pensadas e destinadas para os alunos sem deficiência (Alves *et al.*, 2021; Alves; Haegele; Duarte, 2018). Fora da escola, parques e praças públicas são inacessíveis à grande maioria das pessoas com deficiência, o que nos faz questionar como um lugar público não engloba, de fato, a todos.

Nem mesmo os esportes paraolímpicos, uma possibilidade específica e promissora para o desenvolvimento da pessoa com deficiência (DePauw; Gavron, 2005), são apresentados a essa população (Alves *et*

---

3. Entendemos o capacitismo (*ableism*) como uma prática exteriorizada preconceituosa em face da deficiência, que, desvinculada da "cultura corporal padrão", se apresenta como "um estado diminuído do ser humano" (Campbell, 2001, p. 44, tradução nossa).

al., 2022; Fitzgerald; Kirk, 2009). Quando o são, a visibilidade do esporte como uma alavanca para a superação da deficiência confirma a aliança ao modelo médico e o consequente entendimento da deficiência como uma doença que limita a existência e a performance corporal esperada ao ser humano (Brittain, 2016; Hargreaves, 2013). Em resumo, observam-se falta de oportunidades de prática, carência de sensibilidade à diversidade humana e foco unilateral na pessoa com deficiência como o problema na prática.

O que gostaríamos de propor neste capítulo é uma mudança de perspectiva. Ainda que nós, seus organizadores, sejamos pessoas sem deficiência (até o presente momento da vida), nos colocamos aqui no papel de aliados. O compromisso é deslocar a responsabilidade da pessoa e direcioná-la para a sociedade mediante a modificação da compreensão da deficiência.

Modelo social de compreensão da deficiência

Foco na opressão social

Entre as respostas obtidas pela primeira turma do curso de Educação Física, uma exerce uma força externa sobre as pessoas com deficiência: *exclusão*. Ser excluído é deixar de pertencer, ou nem mesmo ter pertencido ao grupo e ao contexto. É ser constituído como outro, como *diferente*. Os processos de ordem excludente são promovidos e reforçados por meio da ideia de que a deficiência é um problema individual e que requer medicalização (isto é, cura e/ou tratamento) (Gomes *et al.*, 2019). São essas concepções que desencadearam um movimento de questionamento e negação do modelo médico que prospectou a elaboração do modelo social da deficiência.

Desenvolvido em meados dos anos 1970, "o modelo social sustenta que a deficiência é o resultado de barreiras sociais que restringem as atividades das pessoas com deficiência" (Thomas, 2004, p. 570, tradução nossa). Os pressupostos desse modelo fixam-se nas interferências no modo de compreender as alterações físicas, sensoriais e intelectuais diante das barreiras sociais. Nesse sentido, é estabelecida uma relação entre as características das pessoas, que são únicas, e os arranjos da sociedade, que deveriam ser para todos. Faz parte dos pressupostos do modelo social compreender a deficiência (*disability*) e o termo lesão (*impairment*) separadamente.

Assim, definimos deficiência como a falta de parte ou da totalidade de um membro, ou a presença de um membro, órgão ou mecanismo do corpo com déficit. A deficiência é concebida como a "desvantagem ou restrição de atividade causada por uma organização social contemporânea que não leva em conta as pessoas com lesões físicas ou tem pouca consideração por elas, e, portanto, as exclui da participação na corrente principal das atividades sociais" (Upias, 1976, p. 20, tradução nossa).

As mudanças na utilização dessas diferentes terminologias revelaram alterações epistemológicas no processo de concepção de deficiência (Nepomuceno; Assis; Carvalho-Freitas, 2020). O desprendimento da lesão (*impairment*) física, sensorial ou intelectual da opressão social (*disability*) proporcionou o entendimento de um indivíduo plural. Nesse sentido, a responsabilidade não discriminatória se deve à sociedade, já que é ela que pode exercer o domínio sobre a pessoa com deficiência por meio de culturas normativas predominantes (Oliver, 1996).

De forma prática, determinada lesão (*impairment*) gera uma restrição (por exemplo, a deficiência visual ocasiona uma restrição sensorial de origem visual), e, quando esta ocorre, a interação com o meio social pode ou não proporcionar uma desvantagem (por exemplo, a pessoa com deficiência visual tem uma desvantagem ao se posicionar para atravessar uma rua, se esta não possui um semáforo com avisos sonoros). Dessa maneira, a opressão é originada socialmente, na medida em que a organização social falha por não atender às necessidades universais (Amiralian *et al.*, 2000).

As diferenças culturais entre as línguas e as possibilidades dos diferentes sentidos, e, portanto, a polissemia da deficiência, dificultaram a incorporação e a promoção de tais ideais sobre lesão *versus* opressão. Com o uso do modelo social, a lesão não pode ser entendida como a causa da opressão social, mas sim como uma característica individual. Logo, a ideia de "portar" uma deficiência é refutada, já que se entende o equívoco quanto a portar o que na verdade é um constructo social (Oliver, 1996).

Nesse sentido, embora a terminologia usada no Brasil – "pessoa com deficiência" – não traduza o termo *disabled people* proposto pelos precursores do modelo social, e ainda possa gerar a conotação de "portar" a deficiência, ela é a mais aceita social e politicamente (Brasil, 2011). Como proposto na literatura, o termo "pessoa com deficiência" é uma tradução negociada de *disabled people*, que, "se fosse traduzido de modo literal, teria um significado pejorativo de acordo com a cultura brasileira, pois a palavra 'deficiente' nos remete a atraso, déficit, disfunção" (Nepomuceno; Assis; Carvalho-Freitas, 2020, p. 6).

O modelo social também prevê a promoção do empoderamento e da emancipação das pessoas com deficiência. Ambos, empoderar-se – isto é, passar a controlar sua própria vida e seu próprio corpo (Morris, 1991) – e emancipar-se – isto é, assumir um papel ativo de participação e governança social (Finkelstein, 2001) –, tendem a contribuir para o desenvolvimento de uma identidade com deficiência politizada (Diniz, 2013). Assim, a partir do momento em que as pessoas com deficiências reconhecem a forma de *experienciar diferente* a sociedade, elas passam a lutar pela promoção de intervenções orientadas às mudanças políticas e sociais, e não mais se ocupam de mudanças corporais voltadas à normalização dos corpos e comportamentos (Barnes; Oliver; Barton, 2002; Haegele; Hodge, 2016).

Esse corpo de conhecimento que originou o modelo social da deficiência tem como base fundamental os estudos da deficiência:

> Os estudos da deficiência se desenvolveram como um campo em resposta à percepção de universalidade do problema, com interesse acadêmico em explicar o lugar e o significado da deficiência na

sociedade e nas expressões ativistas de empoderamento, inclusão, normalidade, bem como nas políticas da diferença (Barnes; Oliver; Barton, 2002, p. 18, tradução nossa).

As organizações e os movimentos empreendidos pelas pessoas com deficiência engajadas foram fundamentais para o desenvolvimento desse campo. Entre elas, destacamos: a Union of the Physically Impaired Against Segregation (Upias), que centrou seus esforços em ressignificar a deficiência para uma condição de opressão social (Finkelstein, 2001); o Independent Living Movement (ILM), um movimento-chave nos Estados Unidos, desenvolvido por veteranos com deficiência e mais tarde por estudantes com deficiência (Watson; Vehmas, 2020); e a Open University, que contribuiu com a elaboração de cursos para aprimorar habilidades técnicas e sociais no trabalho, voltados a pessoas com deficiência e visando, principalmente, maximizar a autonomia dessas pessoas (Barnes; Oliver; Barton, 2002). Também ressaltamos outras ações, como o aumento do registro e das divulgações científicas pela criação da revista *Disability Studies Quarterly* e da USA's Society for Disability Studies.

Essas iniciativas contribuíram para a expansão dos estudos da deficiência no fim do século XX e promoveram o maior envolvimento das próprias pessoas com deficiência na luta pelos seus direitos civis. Nesse período, o modelo social não havia superado o entendimento predominante da deficiência ancorado no modelo médico. Pelo contrário, foi apenas com a mobilização social da comunidade com deficiência que outras ações governamentais se iniciaram, com o intuito de delimitar os conceitos e compreender as condutas relacionadas à deficiência.

Nesse terreno, a Organização Mundial da Saúde (OMS) propôs a Classificação Internacional de Impedimentos, Deficiências e Desvantagens (ICIDH – International Classification of Impairments, Disabilities and Handicap), com o objetivo de padronizar o significado dos termos lesão, deficiência e *handicapted* (WHO, 1980). Segundo Barnes (2020), o desenvolvimento e as ações da ICIDH foram dirigidos por cientistas sem deficiência e sem o envolvimento com o movimento da deficiência.

Dessa forma, acredita-se que houve um projeto de ruptura dos avanços conquistados pelo modelo social, uma vez que o sistema classificatório foi fundamentado pelo modelo médico (Diniz, 2007).

A definição de uma identidade, nesse caso a identidade com deficiência, em um documento voltado à classificação e conceituação de doenças e distúrbios tem como consequência direta a sua alocação e compreensão como tal. Nesse sentido, não negamos aqui os benefícios dos diferentes tratamentos médicos voltados à melhoria da qualidade de vida e do bem-estar da pessoa com deficiência, mas questionamos o seu reconhecimento como doença, com reflexos e reproduções de valores sociais capacitistas.

Diniz (2007) aponta que os 20 anos que sucederam a criação da ICIDH foram palco para discussões em torno da compreensão da deficiência e de uma tentativa de reavaliá-la. Desse modo, considerando as diversas possibilidades de intervenção e baseando-se nos dois modelos clássicos de compreensão, um modelo híbrido sobre a compreensão da deficiência se destacou a partir de 2001 (Palmer; Harley, 2012). Fundamentado na revisão dos pressupostos da ICIDH, o modelo biopsicossocial foi desenvolvido apresentando funcionalidade e deficiência como termos guarda-chuvas.

Funcionalidade e deficiência são entendidas como termos gerais que denotam os aspectos positivos e negativos da funcionalidade de uma perspectiva biológica, individual e social. A Classificação Internacional de Funcionalidade, Incapacidade e Saúde (CIF), portanto, fornece uma abordagem biopsicossocial de múltiplas perspectivas, que se reflete no modelo multidimensional (WHO, 2013, p. 5).

A proposta multidimensional da CIF teve como objetivo promover um discurso em comum por meio de bases teóricas conceituais sobre a deficiência e a funcionalidade em um manual prático de classificações (WHO, 2013). Nesse modelo, a deficiência passou a ser compreendida como multicausal (Diniz, 2007) e dependente da interação das condições de saúde dos indivíduos, dos contextos sociais em que eles se situam e de suas características pessoais singulares (WHO, 2013).

Embora esse novo sistema de classificação considere as dimensões sociais da deficiência e a entenda como uma experiência de opressão (Diniz, 2007), em grande parte a representação da deficiência pela CIF ainda resulta numa visão direcionada à doença e à incapacidade (Meloni; Federici; Dennis, 2015; Morgado *et al.*, 2017). Por exemplo, no mesmo período de ascensão da CIF, o Decreto n. 5.296, de 2 de dezembro de 2004, propunha no Brasil a compreensão de pessoa com deficiência como aquela considerada possuidora de limitação ou incapacidade para o desempenho de atividades, apresentando as seguintes possíveis restrições: física, auditiva, visual, mental ou múltipla (Brasil, 2004). Nessa descrição, o foco recaiu sobre o enquadramento das incapacidades e desvantagens individuais relativas à deficiência.

Mesmo que o modelo biopsicossocial ainda se revele complexo e imaturo quando comparado aos modelos médico e social (Meloni; Federici; Dennis, 2015), é importante salientar que as novas discussões incorporadas nos anos 2000 engrandeceram o arcabouço teórico sobre a deficiência e sublinharam as experiências corporais da lesão e a vivência da opressão social (Diniz, 2007). Em um cenário de questionamento de conceitos, releitura do corpo e envolvimento de outros protagonistas com deficiência, o fim do século XX e o início do XXI se mostraram efervescentes na revisão do modelo social pela comunidade com deficiência.

Revisão do modelo social

Foco na deficiência como um eixo identitário

Entre as respostas obtidas no experimento com os alunos, uma nos dá esperança: *diversidade*. Em meio a ideias tão deturpadas sobre a deficiência, pensá-la como parte da diversidade é nosso objetivo central. Por isso, como um fator de composição e não de limitação da identidade, a deficiência é vivida, reconhecida e construída singular e individualmente em face da sua interseccionalidade com o gênero, a classe, a raça, a etnia, entre outras forças dinâmicas que nos preenchem na sociedade. Ao colocar a deficiência ao lado dessas forças (ou categorias sociais), nós pluralizamos a possibilidade de ser humano (Gesser; Bock; Lopes, 2020; Moodley; Graham, 2015).

O avanço na compreensão da deficiência, incorporando-a como experiência individual e entendendo sua pluralidade, nos proporcionou reflexões sobre o significado fluido e flexível de deficiência. As múltiplas conexões entre categorias sociais criam identidades interseccionais[4] diversas. Nesse sentido, inspirada na crítica do modelo médico e no processo de reavaliação do modelo social com base em novos diálogos com a deficiência, uma nova onda de pesquisas e pesquisadores fortaleceu os estudos da deficiência e desenvolveu um campo nomeado estudos feministas da deficiência (Gomes et al., 2019).

Esse novo campo é, entre tantas características, um local de questionamento de ideologias dominantes. A crítica feminista aderiu novos pressupostos ao modelo social, ao mesmo tempo que ressignificou os antigos preceitos (Diniz, 2003; Thomas, 2006). O caminho para a compreensão da deficiência foi ampliado à medida que novos conhecimentos, visões e vozes adentraram o cenário de análise. Nesse terreno, destacam-se as mulheres com deficiência e as mulheres que cuidam de pessoas com deficiência, principalmente (Diniz, 2007).

Um corpo de conhecimento que tinha sido desenvolvido majoritariamente por homens britânicos com deficiências físicas precisou ser questionado conforme mulheres com diversas deficiências indagavam pelo entendimento mais ampliado da deficiência. As novas reflexões alavancadas contribuíram para entender que o corpo com deficiência previamente imaginado e estagnado dentro de um corpo masculino na cadeira de rodas não correspondia à experiência complexa e diversa das pessoas com deficiência (Shildrick, 2020). Portanto, a falta de acessibilidade, antes advogada como causa primeira da marginalização de pessoas com deficiência na sociedade, não respondia mais à experiência

---

4. Questões sobre a interseccionalidade serão detalhadas no Capítulo 2.

de todas as pessoas com deficiência. Como salienta Crow (1996), há barreiras sociais que vão além das restrições estruturais.

Dessa forma, os estudos feministas da deficiência originaram-se com a ideia de "integrar a deficiência como uma categoria de análise, uma comunidade histórica, um conjunto de práticas materiais, uma identidade social, uma posição política e um sistema representacional no conteúdo do feminismo" (Garland-Thomson, 2011, p. 42, tradução nossa). Nesse cenário renovado, o corpo foi posicionado no centro das discussões teóricas, e então assuntos como interdependência, experiência subjetiva do corpo com lesões e cuidado foram aderidos ao modelo social, inclusive no Brasil (Diniz, 2003, 2007).

Interdependência é um elemento central na nova onda de discussões sobre a deficiência. Ao se referir à dependência mútua das pessoas para o convívio em sociedade, ela desvincula a ideia de dependência associada apenas às pessoas com deficiência. Essa nova linha de pensamento rompe com o projeto político focalizado na busca compulsória pela independência criada pelos precursores do modelo social. Nem todas as pessoas experimentariam a independência com a remoção de barreiras físicas. Há casos de dependência complexa, a exemplo de pessoas que conseguem desenvolver a vida pública e privada apenas com apoio de outras pessoas (Gesser; Zirbel; Luiz, 2022). Por isso, a relação de interdependência reflete melhor as relações mútuas na sociedade.

A nova geração de estudos propôs o reconhecimento das "relações de dependência e cuidado como questões de justiça social para pessoas com deficiência e sem deficiência" (Diniz, 2007, p. 60). Como um eixo identitário, a deficiência passa a ser concebida como uma experiência humana e, portanto, torna-se parte da vida de toda as pessoas da sociedade (daquelas com e sem deficiência) (Garland-Thomson, 2011). Nesse terreno, os avanços da compreensão sobre a deficiência com base na perspectiva feminista oportunizaram não só a incorporação da experiência do corpo com determinado tipo de lesão (*impairment*), mas também potencializaram análises articuladas com outros eixos sociais, como é o caso do gênero.

Nesse novo cenário, Garland-Thomson (2011) aponta quatro domínios que podem contribuir para uma análise da deficiência a partir da perspectiva feminista: *corpo*, *representação*, *identidade* e *ativismo*. No domínio do *corpo*, a autora retrata o campo de significações corporais instituídas nos corpos com deficiência e sem deficiência. Em especial quanto ao corpo da mulher com deficiência, expectativas de corpos "belos e normais" não se consolidam e fazem com que a figura dessas mulheres seja marginalizada na sociedade: "o oposto da figura masculina, mas também imaginada como a antítese da mulher normal, a figura da mulher com deficiência está, portanto, ambiguamente posicionada dentro e fora da categoria da mulher" (Garland-Thomson, 1997, p. 27, tradução nossa).

A respeito do domínio da *representação*, Garland-Thomson (2011) aponta que a mulher e a deficiência são representadas como desvios da normalidade em uma cultura ocidental sexista e capacitista. Enquanto as noções de feminilidade e os processos regulatórios estéticos de feminização validam a representação e a contemplação da normalidade esperada para as mulheres, a deficiência desfigura essa ideia. Dessa forma, espanto, curiosidade e estranheza fazem parte da contemplação sobre as meninas e mulheres com deficiência (Garland-Thomson, 1997), uma vez que, ao desviarem da norma, elas são encaradas com questionamento na sociedade (Garland-Thomson, 2009).

No domínio da *identidade*, Garland-Thomson (2011, p. 30) sugere que a deficiência perturba a homogeneidade da categoria mulher, dado que a deficiência ou intensifica ou atenua estereótipos associados à feminilidade. Se a mulher é considerada um ser frágil, a fragilidade da mulher com deficiência é hiperenfatizada. Em contrapartida, se a mulher é considerada um objeto sexual, a deficiência rompe a sexualidade da mulher com deficiência, e, por isso, ela é representada como assexuada. A fim de desmistificar o papel controverso da deficiência na identidade da mulher, Garland-Thomson sugere que a deficiência seja considerada um vetor da identidade humana. Além de ser uma categoria flexível, à qual qualquer pessoa pode pertencer ao longo da vida, a deficiência comprova que o corpo é um constructo dinâmico, que se modifica durante os anos e que inevitavelmente possui necessidades de cuidados ao longo da vida (Garland-Thomson, 2011).

O *ativismo* é incorporado como o último domínio da agenda feminista da deficiência, com o intuito de transformar a experiência da mulher com deficiência fazendo uso de ações midiáticas e acadêmicas transformativas. Por meio dessas arenas de ressignificação, é possível ressignificar o lugar da pessoa com deficiência. No que tange a esse trabalho, o ativismo acadêmico pode ser alcançado caso se parta de um ideal não essencialista da mulher e se projete a ideia de um sujeito "plural, heterogêneo e contingente" (Mariano, 2008). Em um diálogo interdisciplinar, com foco na desnaturalização da mulher e da deficiência (Hall, 2011), a união dos estudos feministas com os estudos da deficiência transforma ambas as áreas (Garland-Thomson, 2011).

Nesse segmento, agora é o campo da educação física que carece de transformação. Que tal repensarmos sobre as atividades que aprendemos como "convencionais", os corpos que materializamos como "perfeitos" e os comportamentos que instituímos como "normais"? A incorporação dos estudos feministas da deficiência no campo da educação física pluraliza a noção de pessoa, alunos, atletas, praticantes, professores, treinadores etc.

Palavras finais

Para se tornar uma realidade na sociedade, o modelo social precisa ser compreendido e aplicado de forma constante. É fundamental uma imersão nos estudos da deficiência para compreender como usar o modelo social nos nossos contextos de atuação. Em se tratando de um livro que pretende dialogar com o modelo social em várias áreas de estudo, este primeiro capítulo contribuiu para a explanação das compreensões da deficiência e para a demarcação do campo que pretendemos construir e proliferar: uma educação física fundamentada no modelo social da deficiência. Pessoas com e sem deficiência podem se aliar a essa causa, e ela é urgente na grande área de atividade física adaptada.

Referências

ALVES, M. L. T. *et al.* The invisible student in Physical Education classes: voices from Deaf and hard of hearing students on inclusion. *International Journal of Inclusive Education*, v. 28, n. 3, p. 231-246, 2021.

ALVES, M. L. T. *et al.* The gap and the bridge: Brazilian Physical Education pre-service training for inclusion. *British Journal of Special Education*, v. 49, n. 4, p. 648-666, 2022.

ALVES, M. L. T.; HAEGELE, J. A.; DUARTE, E. "We can't do anything": the experiences of students with visual impairments in Physical Education classes in Brazil. *British Journal of Visual Impairment*, v. 36, n. 2, p. 152-162, 2018.

AMIRALIAN, M. L. T. M. *et al.* The concept of disability. *Revista de Saúde Pública*, v. 34, n. 1, p. 97-103, 2000.

BARNES, C. Understanding the past, present, and future. *In*: WATSON, N.; VEHMAS, S. (ed.). *Routledge handbook of Disability Studies*. 2. ed. Nova York: Routledge, 2020. p. 14-31.

BARNES, C.; OLIVER, M.; BARTON, L. *Disability studies today*. Malden: Polity, 2002.

BRASIL. Decreto n. 5.296, de 2 de dezembro de 2004. Regulamenta as Leis n. 10.048, de 8 de novembro de 2000, que dá prioridade de atendimento às pessoas que especifica, e 10.098, de 19 de dezembro de 2000, que estabelece normas gerais e critérios básicos para a promoção da acessibilidade das pessoas portadoras de deficiência ou com mobilidade reduzida, e dá outras providências. Brasília: *Diário Oficial da União*, 2004.

BRASIL. Convenção sobre os Direitos das Pessoas com Deficiência: Protocolo Facultativo à Convenção sobre os Direitos das Pessoas com Deficiência: Decreto Legislativo n. 186, de 9 de julho de 2008. 4. ed. Brasília: Secretaria de Direitos Humanos, Secretaria Nacional de Promoção dos Direitos da Pessoa com Deficiência, 2011.

BRITTAIN, I. *The Paralympic Games explained*. Nova Jersey: Routledge, 2016.

CAMPBELL, F. A. K. Inciting legal fictions: disability's date with ontology and the ableist body of the law. *Griffith Law Review*, v. 10, n. 1, p. 43-62, 2001.

CROW, L. Including all of our lives: renewing the social model of disability. *In*: MORRIS, J. (ed.). *Encounters with strangers*: feminism and disability. Londres: Women's Press, 1996. p. 22.

DEEGAN, M. J. The fluidity of "feeling normal" and "feeling disabled" during travel. *In*: BARNARTT, S. N. (ed.). *Disability as a fluid state*. Bingley: Emerald, 2010. v. 5, p. 231-252.

DEPAUW, K. P.; GAVRON, S. J. *Disability sport*. 2. ed. Estados Unidos: Human Kinetics, 2005.

DINIZ, D. Modelo social da deficiência: a crítica feminista. *SérieAnis*, v. 28, p. 1-8, 2003.

DINIZ, D. *O que é deficiência*. São Paulo: Brasiliense, 2007.

DINIZ, D. Deficiência e políticas sociais: entrevista com Colin Barnes/Disabilities and social policy – interview with Colin Barnes. *SER Social*, v. 15, n. 32, p. 237-251, 2013.

DONOGHUE, C. Challenging the authority of the medical definition of disability: an analysis of the resistance to the social constructionist paradigm. *Disability and Society*, v. 18, n. 2, p. 199-208, 2003.

FINKELSTEIN, V. *A personal journey into disability politics*. Vic Finkelstein (Leeds University Centre for Disability Studies). 7th fev. 2001. Disponível em: https://disability-studies.leeds.ac.uk/wp-content/uploads/sites/40/library/finkelstein-presentn.pdf. Acesso em: 23 nov. 2024.

FITZGERALD, H. (ed.). *Disability and youth sport*. Londres: Routledge, 2009.

FITZGERALD, H.; KIRK, D. Physical Education as a normalizing practice: is there a space for disability sport? *In*: FITZGERALD, H. (ed.). *Disability and youth sport*. Londres: Routledge, 2009. p. 103-117.

GARLAND-THOMSON, R. *Extraordinary bodies*: figuring physical disability in American culture and literature. Nova York: Columbia University Press, 1997.

GARLAND-THOMSON, R. *Staring*: how we look. Nova York: Oxford University Press, Inc., 2009.

GARLAND-THOMSON, R. Integrating disability, transforming feminist theory. *In*: HALL, K. (ed.). *Feminist disability studies*. Indiana: Indiana University Press, 2011. p. 13-47.

GESSER, M.; BOCK, G. L. K.; LOPES, P. H. *Estudos da deficiência*: anticapacitismo e emancipação social. Curitiba: CRV, 2020.

GESSER, M.; ZIRBEL, I.; LUIZ, K. G. Cuidado na dependência complexa de pessoas com deficiência: uma questão de justiça. *Revista Estudos Feministas*, v. 30, n. 2, p. 1-15, 2022.

GOFFMAN, E. *Stigma*: notes on the management of spoiled identity. Englewood Cliffs: Prentice Hall, 1963.

GOMES, R. B. *et al.* Novos diálogos dos estudos feministas da deficiência. *Revista Estudos Feministas*, v. 27, n. 1, p. 1-14, 2019.

GOODLEY, D. *Disability studies*: an interdisciplinary introduction. Londres: Sage Publications Ltd., 2011.

HAEGELE, J. A.; HODGE, S. Disability discourse: overview and critiques of the medical and social models. *Quest*, v. 68, n. 2, p. 193-206, 2016.

HALL, K. *Feminist disability studies*. Indiana: Indiana University Press, 2011.

HARGREAVES, J. *Heroines of sport*. Londres: Routledge, 2013.

HAYCOCK, D.; SMITH, A. Still "more of the same for the more able?". Including young disabled people and pupils with special educational needs in extra-curricular Physical Education. *Sport, Education and Society*, v. 16, n. 4, p. 507-526, 2011.

LOBIANCO, A. F.; SHEPPARD-JONES, K. Perceptions of disability as related to medical and social factors. *Journal of Applied Social Psychology*, v. 37, n. 1, p. 1-13, 2007.

MARIANO, S. A. Modernidade e crítica da modernidade: a sociologia e alguns desafios feministas às categorias de análise. *Cadernos Pagu*, n. 30, p. 345-372, 2008.

MELLO, A. G. de; NUERNBERG, A.; BLOCK, P. Não é o corpo que nos discapacita, mas sim a sociedade: a interdisciplinaridade e o surgimento dos estudos sobre deficiência no Brasil e no mundo. *In*: SCHIMANSKI, E.; CAVALCANTE, F. G. (ed.). *Pesquisa e extensão*: tendências e perspectivas interdisciplinares. Ponta Grossa: Editora da UEPG, 2014. p. 91-118.

MELONI, F.; FEDERICI, S.; DENNIS, J. L. Parents' education shapes, but does not originate, the disability representations of their children. *PLoS One*, v. 10, n. 6, 2015.

MITRA, S. The capability approach and disability. *Journal of Disability Policy Studies*, v. 16, n. 4, p. 236-247, 2006.

MOODLEY, J.; GRAHAM, L. The importance of intersectionality in disability and gender studies. *Agenda*, v. 29, n. 2, p. 24-33, 2015.

MORGADO, F. F. da R. *et al.* Representações sociais sobre a deficiência: perspectivas de alunos de Educação Física escolar. *Revista Brasileira de Educação Especial*, v. 23, n. 2, p. 245-260, 2017.

MORRIS, J. *Pride against prejudice*: transforming attitudes to disability. Londres: The Women's Press, 1991.

NEPOMUCENO, M. F.; ASSIS, R. M. de; CARVALHO-FREITAS, M. N. de. Apropriação do termo "pessoas com deficiência". *Revista Educação Especial*, v. 33, p. 1-27, 2020.

OLIVER, M. *Understanding disability*: from theory to practice. Nova York: Macmillan International Higher Education, 1996.

PALMER, M.; HARLEY, D. Models and measurement in disability: an international review. *Health Policy and Planning*, v. 27, n. 5, p. 357-364, 2012.

SHILDRICK, M. Critical disability studies: rethinking the conventions for the age of postmodernity. *In*: WATSON, N.; VEHMAS, S. (ed.). *Routledge handbook of counternarratives*. 2. ed. Nova York: Taylor & Francis, 2020.

THOMAS, C. How is disability understood? An examination of sociological approaches. *Disability and Society*, v. 19, n. 6, p. 569-583, 2004.

THOMAS, C. Disability and gender: reflections on theory and research. *Scandinavian Journal of Disability Research*, v. 8, n. 2-3, p. 177-185, 2006.

UPIAS. *Fundamental principles of disability*. Londres: 1976.

WATSON, N.; VEHMAS, S. *Routledge handbook of disability studies*. 2. ed. Nova York: Routledge, 2020.

WHO. *International Classification of Impairments, Disabilities and Handicaps (ICIDH)*. Geneva: World Health Organization (WHO), 1980.

WHO. *How to use the ICF*: a practical manual for using the International Classification of Functioning, Disability and Health (ICF). Exposure draft for comment. Geneva: World Health Organization (WHO), 2013.

2
INTERSECCIONALIDADE NO ESPORTE E NA EDUCAÇÃO FÍSICA: UM LABIRINTO DE SILÊNCIOS E PRIVILÉGIOS

> *Quando se olha para o ser humano sem o cuidado da pluralidade, sem o acolhimento das diferenças, sem um paradigma que transcenda o binarismo, é possível que se deixe escapar informações fundamentais para compreender sua totalidade e a beleza de sua complexidade.*
> Paula (2022, p. 110)

Falar de interseccionalidade é falar sobre um labirinto com emaranhados corpos, comportamentos, histórias, experiências e interconexões que constituem nossas formas de viver no mundo. Estamos falando de construções recíprocas entre eixos de diferenciação, forças dinâmicas ou categorias/marcadores/constructos sociais[1] que

---

1. Utilizamos "eixos de diferenciação", "forças dinâmicas", "relações de poder" e "categorias/marcadores/constructos sociais" por entendermos a pluralidade de discursos que vêm sendo retratados na literatura. Ainda que haja críticas a noções

se materializam no produto das intersecções, infinitas e direcionadas, entre raça, classe, gênero e deficiência, por exemplo, e concretizam a indissociabilidade das relações de poder na sociedade (Brah; Phoenix, 2004; Collins, 2015). Nesse terreno, entendendo a deficiência como um vetor identitário (Garland-Thomson, 2002), a análise interseccional provoca o pensar criticamente sobre a realidade de pessoas com deficiência, especialmente no âmbito da educação física.

O desafio nesse processo é compreender e ser sensível a essa complexidade. Nesse sentido, o objetivo deste capítulo é fomentar a sensibilidade interseccional ao discutir as origens e os usos da interseccionalidade, concebendo seu desenvolvimento e sua ascensão como teoria, ferramenta analítica e práxis crítica principalmente pelos estudos de Patrícia Hill Collins e Sirma Bilge. Juntos, acreditamos numa urgência pelo uso desse termo ancorado no compromisso com o modelo social da deficiência e, portanto, destacaremos alguns achados em virtude das potencialidades de aplicação no campo da educação física.

A interseccionalidade

Desvendando e percorrendo um labirinto

Muito antes de ser considerado um conceito robusto, por vezes até com uma pronúncia intrincada, a interseccionalidade envolve pessoas e grupos invisibilizados que lutaram para produzir uma ideia não binária considerando a diversidade da vida humana materializada. A interseccionalidade, portanto, se propõe a dar conta de pessoas que

---

redutíveis que alguns termos exprimem, como é o caso de "categorias sociais" (Christensen; Jensen, 2012; Mann, 2013; Willett; Etowa, 2023); diversos autores citados permanecem usando esse termo, conscientes de que é uma nomenclatura difundida sobre as possibilidades da interseccionalidade (Collins, 2015; Collins; Bilge, 2021).

criam e são criadas por diferenças contextuais, geracionais, regionais, anatômicas, sociais, bem como por outros eixos de diferenciação (Cho; Crenshaw; McCall, 2013; Mann, 2013). Pessoas são diferentes, e essas diferenças constituem a diversidade.

Vejamos por este lado: quatro pesquisadoras e escritoras deste livro se posicionam como mulheres na sociedade – professoras, pesquisadoras e aprendizes no que tange à deficiência. Mas, será que ser mulher representa tudo aquilo que elas são? Será que a categoria "mulher" é homogênea a ponto de unificar corpos, lutas, concepções, significados, significações e lugares de fala? Segundo Diniz e Gebara (2022), que escrevem ancoradas em um pensamento e uma esperança feministas, ser mulher é ser muita coisa, é vivenciar muitas características, é se encontrar e se distanciar em um regime de classificação corporal, uma categoria material e uma posição existencial chamada "mulher".

Nesse terreno, como mulheres, elas se encontram como professoras, pesquisadoras e aprendizes e se distanciam em um processo produzido pela interconexão entre raça, idade, gênero, regionalidade, entre outros eixos que certamente (e felizmente) as divergem. Como um labirinto (Figura 1), elas percorrem e interseccionam diferenças e semelhanças ao longo da vida, e é exatamente isso que a interseccionalidade nos convida a perceber: a interconectividade dos constructos sociais para a constituição fluida e flexível de cada indivíduo.

Figura 1: Representação visual da interseccionalidade

Fonte: Elaborado por Lesley Sharpe e Maria Luíza Tanure Alves, 2024.

Compreendendo as origens e propondo utilizações

O termo "interseccionalidade" foi cunhado por uma mulher negra estadunidense chamada Kimberlé Williams Crenshaw, como um esforço crítico feminista negro, para refletir e questionar sobre as perspectivas feministas e as políticas antirracistas dominantes (Crenshaw, 1989, 1991). Os seus estudos pioneiros de 1989 e 1991 são um marco para a história da interseccionalidade, já que, ao apontarem a intersecção entre sexismo e racismo para a localização marginalizada de mulheres negras na sociedade, mostram as limitações das políticas feministas e antirracistas (Akotirene, 2019). Nesse terreno, Crenshaw inaugura o conceito de "interseccionalidade", argumentando sobre o privilégio de raça em análises de discriminação de sexo, e sobre o privilégio de determinado sexo nos casos de discriminação por raça (Crenshaw, 1989, 1991).

Contudo, é importante ressaltar que, embora esses estudos tenham sido impulsionadores do termo "interseccionalidade", ganhando muita repercussão e muito prestígio entre ativistas e acadêmicos desde o fim do século XX até os dias atuais, outras pessoas já percebiam, viviam e lutavam em um labirinto de privilégios e desvantagens na sociedade. Contribuições prévias, como é o caso do discurso memorável de Sojourner Truth em 1851 *Ain't I a woman?*, na Convenção dos Direitos da Mulher em Akron/Ohio, demonstram como uma ativista negra já fazia campanha captando as noções da interseccionalidade (Willett; Etowa, 2023). A contestação envolvendo a intersecção entre raça, classe e gênero indicava as críticas sobre as noções essencialistas que envolviam a mulher no século XIX, em especial por meio da voz de uma mulher negra escravizada e que lutava pela abolição da escravatura e pela igualdade de direitos para as mulheres (Brah; Phoenix, 2004).

Dessa forma, os anos finais do século XX foram palco para a efervescência de movimentos sociais que contribuíram com o aumento do interesse em pautas sociais na academia. Estudos de mulheres, estudos de gênero, estudos culturais, entre outros, aderiram, principalmente, gênero/raça/classe, para explicar problemas sociais que não se viam pertencentes a um ou outro campo de estudo, apenas. Na verdade, houve uma postura política crítica de ativistas, sobretudo de mulheres negras, que logo se instauraram nas universidades, para levantar a bandeira da interseccionalidade com uma *teoria, ferramenta analítica* e *práxis crítica* (Collins, 2015; Collins; Bilge, 2021). O protagonismo dessas pessoas culminou na necessidade de entender a interseccionalidade como um conceito central às áreas do conhecimento e não periférico a elas.

Como *teoria*, a interseccionalidade não pode ser compreendida como uma premissa dos marginalizados (Akotirene, 2019). Na verdade, ela investiga "como as relações interseccionais de poder influenciam as relações sociais em sociedades marcadas pela diversidade, bem como as experiências individuais na vida cotidiana" (Collins; Bilge, 2021, p. 16, tradução nossa). Dessa forma, a interseccionalidade se mostra como uma *teoria* para todas as pessoas da sociedade, uma vez que atua como principal fonte de reconhecimento da heterogeneidade que envolve as relações de poder e que culminam, especialmente, em barreiras e facilitadores sociais. Em outras palavras: "Nem toda mulher é branca nem todo negro é homem nem todas as mulheres são adultos heterossexuais" – ao incorporar a interseccionalidade, recusamos o pensamento redutível sobre os corpos (Akotirene, 2019, p. 28).

Como *ferramenta analítica*, a interseccionalidade "considera que as categorias de raça, classe, gênero, orientação sexual, nacionalidade, capacidade, etnia e faixa etária – entre outras – são inter-relacionadas e moldam-se mutuamente" (Collins; Bilge, 2021, p. 17, tradução nossa). Dessa maneira, a partir do momento em que análises unidirecionais começaram a não dar conta dos problemas sociais, por entender que eles são formados por pessoas com múltiplas formas de constituir-se no mundo, a entrada do uso da interseccionalidade se tornou o ponto de virada para uma compreensão mais detalhada, profunda e sensível às diversidades.

Um exemplo da análise unidirecional fica evidente na primeira onda dos estudos da deficiência, em que ativistas com deficiência, na maioria homens com lesões de origem física, reivindicaram pela revisão da compreensão da deficiência à luz de suas próprias experiências (Diniz, 2007). É evidente que a contribuição desses atores sociais foi imensurável para o desenvolvimento de uma concepção de deficiência baseada no modelo social. Porém, um olhar crítico concebido apenas por homens com deficiências físicas restringiu os benefícios do movimento àqueles indivíduos que não se encaixavam nesse perfil de pessoa com deficiência. Mulheres com deficiências, pessoas com deficiências severas e outros indivíduos se viram pertencentes à luta social apenas quando representantes desses grupos reclamaram pelos seus lugares de fala (Garland-Thomson, 2005; Moodley; Graham, 2015).

Para auxiliar no entendimento sobre as possibilidades de uso da interseccionalidade como *ferramenta analítica*, Collins e Bilge (2021) propõem seis eixos centrais que podem ser incorporados em uma análise interseccional: *desigualdade social, relações de poder interseccionais, relacionalidade, complexidade, justiça social* e *contexto social*. Juntos, esses eixos podem nos ajudar a compreender e multiplicar as formas de aplicação da teoria interseccional.

Quanto ao eixo da *desigualdade social*, Collins e Bilge (2021, p. 276-277, tradução nossa) salientam que "o uso da interseccionalidade como ferramenta analítica é uma maneira poderosa de analisar como as relações de poder interseccionais produzem desigualdades sociais". Em outras palavras, as autoras apontam que a desigualdade é multifatorial e raramente originária de um fator exclusivo. Por exemplo, Moodley e Graham (2015) analisaram indicadores relacionados à pobreza na África do Sul e constataram que o entrelaçamento de gênero, raça e deficiência influenciam na desigualdade socioeconômica de pessoas da região. Nesse sentido, o grupo específico de mulheres negras com deficiências se apresentou como aquele em que as pessoas atingem maiores níveis de pobreza, ao passo que são essas mulheres que alcançam menores níveis de escolaridade e maiores níveis de desemprego.

O segundo segmento proposto por Collins e Bilge (2021) é direcionado à compreensão das *relações de poder interseccionais*. Para as autoras, intersecções específicas impactam de forma específica ao longo da vida. Na prática, desvantagens e privilégios influenciam nas experiências e constituem um labirinto de possibilidades na vida de uma pessoa. Por exemplo, um estudo mostrou que uma mesma pessoa que vivenciou o capacitismo e o sexismo na escola vivenciava o prestígio esportivo como atleta paraolímpica brasileira (Alves, 2024). Nesse contexto, Collins e Bilge (2021, p. 211, tradução nossa) explicam que, "em vez de uma essência fixa que a pessoa carrega de uma situação para a outra, entende-se agora que as identidades individuais se aplicam diferentemente de um contexto social para outro".

Nesse terreno, é necessário evocar o *contexto social*, outro eixo de análise proposto por Collins e Bilge (2021), no qual se considera que as particularidades do tempo e do espaço importam para a construção das narrativas individuais e coletivas que materializam a identidade (Yuval-Davis, 2006). De fato, precisamos usar a interseccionalidade de forma consciente, investigando o conceito e refletindo sobre as influências das forças dinâmicas que constituem um ser, e não sobre a adição de bases unitárias que constroem os indivíduos (Christensen; Jensen, 2012). Assim, em vez de somar a deficiência e o gênero em uma análise interseccional sobre mulheres com deficiência no contexto esportivo, o que importa é olhar para o produto da performance de gênero e dos sistemas de compreensão que envolvem a deficiência, para compreender as realidades dessas mulheres até o esporte e dentro dele (Alves, 2024).

Desse modo, o quarto eixo central da interseccionalidade se revela e aponta a *relacionalidade* entre as forças dinâmicas, e não nas suas oposições. Aqui, o foco recai antes no produto das relações do que nas características isoladas de cada eixo de diferenciação. Goodley (2011), por exemplo, promove uma análise interseccional, explorando as conexões entre deficiência e gênero/raça/sexualidade/classe. Para o autor: 1) a coalizão deficiência/gênero salienta como mulheres com deficiência são duplamente marginalizadas em virtude de normas capacitistas e sexistas; 2) o diálogo entre deficiência/raça dá luz ao sistema corponormativo e colonial em que pessoas negras com deficiências estão inscritas; 3) a interação entre deficiência/sexualidade destaca as noções de assexualidade atribuída à pessoa com deficiência, que é frequentemente vista como indesejável e inativa sexualmente; 4) a conexão entre deficiência/classe aponta as desigualdades no mercado de trabalho, uma vez que o corpo não normativo é excluído e estigmatizado na produção de capital (Goodley, 2011).

O número de categorias e conexões é infinito e acaba revelando os desafios em uma pesquisa interseccional. O que precisamos ter em mente é que as estratégias de explorar "pontos de ancoragem" (por exemplo, deficiência/gênero) constituem uma medida para "concentrar-se nas categorias que são consideradas mais importantes para uma questão de investigação específica num momento específico" (Christensen; Jensen, 2012, p. 112, tradução nossa). Na prática, a operação desse tipo de pesquisa é complexa, e por isso o quinto eixo proposto por Collins e Bilge (2021) é a *complexidade*.

Segundo as autoras, o olhar para as diversas interfaces interseccionais pode ser frustrante na pesquisa científica, uma vez que uma coalizão, entre deficiência/gênero, por exemplo, pode não ser suficiente para compreender a experiência por completo. Dessa forma, por se tratar de um projeto político com foco na *justiça social* (sexto eixo de análise), a interseccionalidade provoca a reivindicação e a reparação de relações desiguais na sociedade, uma vez que entende a realidade desigual e discriminatória em que vivemos (Collins; Bilge, 2021). Por isso, o trabalho interseccional envolve intencionalidade e sensibilidade à investigação e à promoção da diversidade. Na tentativa de resumir a complexidade de compreensões e possibilidades que envolvem esses tipos de pesquisa, Cho, Crenshaw e McCall (2013, p. 795, tradução nossa) explicam:

> [...] o que torna uma análise interseccional não é o seu uso do termo "interseccionalidade", nem o fato de estar situada numa genealogia familiar, nem o uso de citações padronizadas. Em vez disso, o que torna uma análise interseccional – quaisquer que sejam os termos que utilize, qualquer que seja a sua iteração, qualquer que seja o seu campo ou disciplina – é a adoção de uma forma interseccional de pensar sobre o problema da igualdade e da diferença e a sua relação com o poder. Este enquadramento – conceber categorias não como distintas, mas como sempre permeadas por outras categorias, fluidas e mutáveis, sempre em processo de criação e de serem criadas pela dinâmica do poder – enfatiza o que a interseccionalidade faz, e não o que é a interseccionalidade.

Finalmente, salientamos que as possibilidades e os desafios da aplicação da interseccionalidade devem se basear em uma *práxis crítica*. A interseccionalidade como práxis crítica provoca uma interlocução consciente entre teoria e prática. Ela contribui para a criticidade de ideias e ações ao propor "entender e explicar a complexidade do mundo, das pessoas e das experiências humanas" (Collins; Bilge, 2021, p. 17, tradução nossa). Na essência, o projeto interseccional já é crítico, porque prevê um processo de remediação de desigualdades sociais ancoradas em um plano de trabalho com foco na justiça social. Esse foco pode ser identificado na Declaração Universal dos Direitos Humanos, que salienta:

> Toda pessoa tem capacidade para gozar os direitos e as liberdades estabelecidos nesta Declaração, sem distinção de qualquer espécie, seja de raça, cor, sexo, língua, religião, opinião política ou de outra natureza, origem nacional ou social, riqueza, nascimento, ou qualquer outra condição (ONU, 1948).

Essa aliança com os direitos humanos possibilita que a interseccionalidade atue como: um pano de fundo para a análise das precondições para a formação da discriminação; uma avaliação dos tipos e formas da discriminação; uma busca pelas reparações apropriadas para cada caso identificado (Collins, 2015). Dessa maneira, o desafio da práxis crítica é compreender como as pessoas produzem (e reproduzem), recorrem à interseccionalidade e a utilizam como ferramenta analítica. Sabendo que uma análise interseccional assume diferentes formas, contextos e possibilidades em um trabalho pautado na justiça social, nossa missão ao incorporá-la neste capítulo é compreender os desdobramentos da intersecção da deficiência com outras categorias sociais na expressão individual e coletiva no campo da atividade física e do esporte. Ainda que certas de que não há um único jeito de elaborar uma pesquisa interseccional (Misra; Curington; Green, 2020), estamos confiantes com a proposta de desvendar o campo.

A interseccionalidade e a deficiência na educação física (EF)

Revisando o tema e propondo diálogos

A realidade de cada pessoa é permeada por relações de poder que impactam o alcance de oportunidades em contextos de atividade física e esporte (Lim *et al.*, 2021). Isso quer dizer que intersecções específicas reverberam em privilégios e/ou desvantagens específicas na iniciação, na manutenção e no desenvolvimento na EF. Nesse terreno, a revisão de escopo de Lim e colaboradores (2021) mostrou que meninos e homens heterossexuais brancos e de classe média são as pessoas que mais atingem oportunidades de prática no âmbito da EF. Uma vez que há uma hipervalorização de atributos associados à masculinidade/ heterossexualidade/branquitude, meninas e mulheres que se localizam em outras configurações de gênero/sexualidade/raça/classe são inferiorizadas na EF. Com isso, nos perguntamos: e se concebermos a deficiência como parte das configurações que se aliam a gênero, sexualidade, raça e classe?

Poucos estudos têm utilizado a deficiência como categoria de análise em uma investigação interseccional na EF (Lim *et al.*, 2021). O foco tem recaído em abordagens quantitativas que buscam por padrões de diferença entre grupos (praticantes sem deficiências *versus* praticantes com deficiências). Como resultado, vem ocorrendo uma supressão da diversidade inerente aos grupos investigados, além da falta de questionamento sobre o conceito de "deficiência" como um eixo de diferenciação (Flintoff; Fitzgerald; Scraton, 2008). Na proposta interseccional, precisamos instituir um compromisso quanto à subjetividade de experiências inscritas em cada grupo e pessoa. Para isso, vamos praticar o pensamento interseccional?

Sabemos que pessoas com deficiências são inferiorizadas nas aulas de EF, em comparação a seus pares sem deficiências. Contudo, sobre quais pessoas com deficiências estamos falando? Haegele, Zhu e Holland (2019), por exemplo, pluralizam o entendimento dessa realidade ao investigarem a experiência de americanas (nativas e não nativas) com deficiências visuais que experienciaram o sobrepeso e/ou a obesidade no momento de vivência da EF escolar. Os autores observaram como o diálogo entre a presença da deficiência e o excesso de peso corporal das participantes influenciou negativamente as experiências na EF. Uma vez que os corpos dessas mulheres foram percebidos como incapazes, a lembrança das aulas apontou para a participação limitada, a discriminação por parte dos professores e o isolamento pelos colegas da turma (Haegele; Zhu; Holland, 2019).

Resultados semelhantes foram observados em um estudo que abordou o diálogo com as expectativas de gênero e apontou que as meninas com deficiências visuais com sobrepeso ou obesidade compreendem a EF como um lugar de desvantagem social. Analisando interseccionalmente, o ambiente discriminatório impulsionado pela benevolência de professores e colegas foi criado na medida em que as meninas não alcançavam as expectativas de corpo para os professores e colegas (Haegele; Yessick; Zhu, 2018). A associação da masculinidade com o campo esportivo, que se traduz em competitividade, força e agressividade, faz com que meninas com deficiências visuais e com sobrepeso ou obesidade sejam consideradas desviantes para o cenário.

Entretanto, é importante salientar que essa realidade não é a mesma quando a investigação se volta para os meninos com deficiências visuais. Ainda que eles vivenciem experiências de exclusão e *bullying* nas aulas, muitos deles atribuem a discriminação à marginalização do corpo com deficiência na EF e não às relações de deficiência/gênero dentro desse cenário (Haegele; Kirk, 2018). Com isso, percebemos que, para além do diálogo entre as categorias sociais, precisamos pensar criticamente sobre a heterogeneidade dos sistemas de representação. Deficiência, gênero, sexualidade e classe, por exemplo, podem variar não só entre pessoas e contextos, mas também ao longo da vida de uma única pessoa.

Isso fica evidente quando um pesquisador, em uma narrativa autobiográfica, mostrou que o fato de ter adquirido uma deficiência física impactou negativamente no seu estilo de vida como homem, adulto jovem, esportista, professor de Educação Física e pai (González-Calvo; Varea, 2019). Para ele, a vida de uma pessoa que deveria ser apta para as atividades da vida diária, com um corpo forte e saudável, foi prejudicada com o diagnóstico de uma doença crônica e a consequente deficiência física temporária. Ele destacou: "Eu costumava ter um corpo 'sem problemas', que se encaixava perfeitamente no ideal estereotipado de um professor de Educação Física" (González-Calvo; Varea, 2019, p. 6, tradução nossa).

A forma como a deficiência é entendida como uma adversidade e uma limitação corporal na vida de um homem também foi identificada no trabalho de Paccaud e Marcellini (2022). Esses autores mostraram como um homem heterossexual, branco e com deficiência encontrou estratégias para operar as expectativas para o seu corpo. Se por um lado o participante se considerava uma pessoa dependente de cuidado e distante de um estereótipo de masculinidade na infância e na adolescência, por outro a prática do hóquei em cadeira de rodas e a consagração da heterossexualidade mediante o uso de *sites* de relacionamento proporcionaram um lugar de capacidade e independência masculina na vida adulta. Paccaud e Marcellini (2022) explicam que a junção do corpo com deficiência com estruturas/aparelhos tecnológicos que otimizam o desempenho no esporte contribuiu para produzir uma imagem de "homem capaz" na sociedade.

O uso da interseccionalidade tem o poder de revelar como os múltiplos eixos da identidade se conectam e produzem novas impressões dentro e fora do esporte. Ao mesmo tempo que o esporte paraolímpico pode ser um espaço de fortalecimento de uma identidade relacionada à independência e à capacidade – como o homem heterossexual, branco, com deficiência e atleta do estudo anterior –, ele também pode ser um ambiente discriminatório, a depender dos sujeitos observados.

No trabalho de Weiller-Abels, Everbach e Colombo-Dougovito (2021), por exemplo, foi identificado que a representação midiática de atletas paraolímpicos nos jogos de inverno é modulada por estereótipos de gênero e de deficiência. Isso quer dizer que, dentro do grupo de "atletas paraolímpicos", marginalizados em comparação aos "atletas olímpicos", há camadas que reverberam em relações de poder interseccionais. Dessa forma, ao passo que os homens paraolímpicos são nomeados como os "atletas" e representantes de determinadas nações, mulheres paraolímpicas são retratadas como as "garotas de sorte" das equipes.

Pela análise interseccional, é possível identificar que as mulheres paraolímpicas podem vivenciar diversos tipos de discriminação, considerando que múltiplos eixos e níveis se cruzam (Weiller-Abels; Everbach; Colombo-Dougovito, 2021). É como se, ao olharmos para a história de cada mulher que inicia, desenvolve e trilha uma carreira esportiva, pudéssemos ver as interações das forças dinâmicas influenciando e moldando as experiências ao longo da vida.

Nessa perspectiva, finalizaremos este capítulo apresentando trechos de histórias de vida de mulheres com deficiência, a fim de diversificar os labirintos no campo da EF.[2] Aqui, destacamos as vozes de atletas que vivenciaram o sexismo, o capacitismo e/ou o racismo, mas são empoderadas pela aliança de eixos que as configuram como atletas paraolímpicas nos dias atuais.

> Você imagina uma mulher nordestina, pobre, parda e com deficiência sendo conhecida em nível internacional? [...] Eu vou fazer da sociedade o que eu quiser, o que eu quero ser perante a sociedade, então eu vou optar por isso e não ser o que eles me impõem a ser, o "patinho feio", "deficiente, feio e pobre", entendeu? (Marianna, atleta paraolímpica de parabadminton).
>
> Eu estava na maratona de Chicago, porque eu era a única afro-latina dentro da cadeira, dentro da maratona de Chicago. Então fizeram a entrevista comigo, e foi muito legal. [...] uma menina pobre e negra, que conseguiu terminar a faculdade, está tendo uma carreira brilhante no esporte (Verenna, atleta paraolímpica da corrida em cadeira de rodas).
>
> É... para mim, ser atleta é um motivo de muito orgulho. Porque a gente sabe que existem os obstáculos. Por ser atleta, com deficiência e mulher, é algo assim um pouco mais difícil, né? Porque as pessoas o tempo todo acham que a gente não é capaz. E, realmente, nós, pessoas com deficiência, ainda mais por ser mulher, a gente tem que provar o tempo todo que a gente é capaz. Mas não é provar só para a sociedade, é provar para a gente mesmo [...] (Camilla, atleta paraolímpica de *goalball* e natação).

---

2. Esses trechos fazem parte de um estudo maior, em que as trajetórias de mulheres paraolímpicas brasileiras foram investigadas pelas lentes dos estudos feministas da deficiência (Alves, 2024).

Palavras finais

Interseccionar é pluralizar, e esse foi o objetivo do último suspiro deste capítulo. As relações de poder e suas intersecções emergem em cada história particular, e esta é a potencialidade da interseccionalidade: tomar a vida como ponto de partida (Christensen; Jensen, 2012). Com nossos escritos, esperamos ter elucidado as possibilidades e os desafios da teoria e ferramenta analítica, na infinitude e dependência da reflexão crítica em determinado contexto de interesse. Entendemos que a interseccionalidade não é a solução para a conquista da justiça social, mas, como parte de um processo de investigação e ação, seu uso é urgente na educação física.

Referências

AKOTIRENE, C. *Interseccionalidade*: feminismos plurais. São Paulo: Pólen Produção Editorial Ltda.; 2019.

ALVES, I. S. *A trajetória de mulheres paralímpicas brasileiras a partir dos estudos feministas da deficiência*. 2024. Tese (Doutorado em Educação Física) – Faculdade de Educação Física, Universidade Estadual de Campinas, Campinas, 2024.

BRAH, A.; PHOENIX, A. Ain't I a woman? Revisiting intersectionality. *Journal of International Women's Studies*, v. 5, n. 3, p. 75-86, 2004.

CHO, S.; CRENSHAW, K. W.; McCALL, L. Toward a field of intersectionality studies: theory, applications, and praxis. *Signs*, v. 38, n. 4, p. 785-810, 2013.

CHRISTENSEN, A. D.; JENSEN, S. Q. Doing intersectional analysis: methodological implications for qualitative research. *NORA – Nordic Journal of Feminist and Gender Research*, v. 20, n. 2, p. 109-125, 2012.

COLLINS, P. H. Intersectionality's definitional dilemmas. *Annual Review of Sociology*, v. 41, p. 1-20, 2015.

COLLINS, P. H.; BILGE, S. *Interseccionalidade*. São Paulo: Boitempo, 2021.

CRENSHAW, K. W. Demarginalizing the intersection of race and sex: a black feminist critique of antidiscrimination doctrine, feminist theory, and antiracist politics. *University of Chicago Legal Forum*, v. 1989, n. 1, p. 139-167, 1989.

CRENSHAW, K. W. Mapping the margins: intersectionality, identity politics, and violence against women of color. *Stanford Law Review*, v. 43, n. 6, p. 1241-1299, 1991.

DINIZ, D. *O que é deficiência*. São Paulo: Brasiliense, 2007.

DINIZ, D.; GEBARA, I. *Esperança feminista*. Rio de Janeiro: Rosa dos Tempos, 2022.

FLINTOFF, A.; FITZGERALD, H.; SCRATON, S. The challenges of intersectionality: researching difference in Physical Education. *International Studies in Sociology of Education*, v. 18, n. 2, p. 73-85, 2008.

GARLAND-THOMSON, R. Integrating disability, transforming feminist theory. *NWSA Journal*, v. 14, n. 3, p. 1-32, 2002.

GARLAND-THOMSON, R. Feminist disability studies. *Signs: Journal of Women in Culture and Society*, v. 30, n. 2, p. 1557-1587, 2005.

GONZÁLEZ-CALVO, G.; VAREA, V. A turning point as an opportunity to (re)think and give a voice to one's own body. *Societies* (Basel, Switzerland), v. 9, n. 3, p. 60, 2019.

GOODLEY, D. *Disability studies*: an interdisciplinary introduction. Londres: Sage Publications Ltd., 2011.

HAEGELE, J. A.; KIRK, T. N. Experiences in Physical Education: exploring the intersection of visual impairment and maleness. *Adapted Physical Activity Quarterly*, v. 35, n. 2, p. 196-213, 2018.

HAEGELE, J. A.; YESSICK, A.; ZHU, X. Females with visual impairments in Physical Education: exploring the intersection between disability and gender identities. *Research Quarterly for Exercise and Sport*, v. 89, n. 3, p. 298-308, 2018.

HAEGELE, J. A.; ZHU, X.; HOLLAND, K. Exploring the intersection between disability and overweightness in Physical Education among females with visual impairments. *Research Quarterly for Exercise and Sport*, v. 90, n. 3, p. 344-354, 2019.

HOOKS, b. *Teoria feminista*: da margem ao centro. São Paulo: Perspectiva, 2019.

LIM, H. *et al.* Operationalization of intersectionality in physical activity and sport research: a systematic scoping review. *SSM – Population Health*, v. 14, p. 100-808, 2021.

MANN, S. A. Third wave feminism's unhappy marriage of poststructuralism and intersectionality theory. *Journal of Feminist Scholarship*, v. 4, n. 4, p. 54-73, Spring 2013.

MISRA, J.; CURINGTON, C. V.; GREEN, V. M. Methods of intersectional research. *Sociological Spectrum*, v. 41, n. 1, p. 1-20, 2020.

MOODLEY, J.; GRAHAM, L. The importance of intersectionality in disability and gender studies. *Agenda*, v. 29, n. 2, p. 24-33, 2015.

ONU. *Declaração Universal dos Direitos Humanos*. Adotada e proclamada pela Assembleia-Geral das Nações Unidas (resolução 217 A III) em 10 de dezembro de 1948. Disponível em: https://www.unicef.org/brazil/declaracao-universal-dos-direitos-humanos. Acesso em: 14 nov. 2024.

PACCAUD, L.; MARCELLINI, A. How to be a man differently: intersectionality of gender and disability in the life course of a powerchair athlete. *Men and Masculinities*, v. 25, n. 4, p. 581-601, 2022.

PAULA, A. I. de. Interseccionalidade: ensolarando a plenitude de ser. *In*: JUNIOR, F. S. C. (ed.). *Tempo-sol*. Curitiba: CRV, 2022. p. 109-120.

RIBEIRO, D. *O que é lugar de fala?* Belo Horizonte: Letramento: Justificando, 2017.

WEILLER-ABELS, K.; EVERBACH, T.; COLOMBO-DOUGOVITO, A. M. She's a lady; he's an athlete; they have overcome: portrayals of gender and disability in the 2018 Paralympic Winter Games. *Journal of Sports Media*, v. 16, n. 1, p. 123-148, 2021.

WILLETT, A.; ETOWA, J. A critical examination of epistemological congruence between intersectionality and feminist poststructuralism: toward an integrated framework for health research. *Nursing Inquiry*, v. 30, n. 4, p. 1-12, 2023.

YUVAL-DAVIS, N. Intersectionality and feminist politics. *European Journal of Women's Studies*, v. 13, n. 3, p. 193-209, 2006.

3
MENINAS E MULHERES COM DEFICIÊNCIA NO ESPORTE: DO "CAFÉ COM LEITE" AO ESPORTE PARAOLÍMPICO DE RENDIMENTO

Um breve relato de experiência[1]

Era quarta-feira de uma semana qualquer, e Cecillinha[2] continuava sendo a boa e velha *café com leite* do jogo de *goalball*. Para quem não conhece, *goalball* é um esporte paraolímpico coletivo, criado e desenvolvido especialmente para pessoas com deficiências visuais. O jogo se desenvolve em uma quadra com demarcações táteis, com 9 metros de largura e 18 metros de comprimento. Interações com os companheiros de equipe são permitidas durante a partida, que, em dois tempos de 12 minutos cronometrados, se desenvolve em

---

1. A história resumida de Cecillinha faz parte das lembranças da autora Isabella dos Santos Alves, como treinadora voluntária de *goalball* em uma instituição especializada em pessoas com deficiências visuais.
2. Nome fictício.

ciclos ofensivos e defensivos consecutivamente (Morato; Gomes; Almeida, 2012).

Na história de Cecillinha, o jogo *goalball* se situava entre uma das modalidades ofertadas em uma instituição especializada que ela frequentava. Cecillinha fazia parte do treino, mas era a única menina do time, composto por aproximadamente 15 rapazes. Eles eram fortes e rápidos, ela era fraca e lenta. Eles eram competitivos e entusiastas do esporte, ela era delicada e uma jovem aprendiz. Eles dominavam a quadra e as competições, ela obedecia a eles e assistia aos jogos. Quando ela estava em jogo, a partida deixava de ser aquela ocasião competitiva que todos os atletas apreciavam. Nos momentos de arremesso, todos abriam espaço para Cecillinha e a instruíam sobre a técnica perfeita a ser desempenhada. Em certas situações das defesas, quando ela era o alvo, o arremesso do adversário era calculado e enfraquecido, se conformando à fragilidade no corpo da única menina em quadra. Cecillinha era a *café com leite* do jogo.

Esse relato seria trágico se a alegria de Cecillinha não viesse à tona. Ela gostava de treinar com os rapazes. Ela era parte do time! Ela pertencia àquele espaço, àqueles símbolos e àquelas experiências esportivas. O fato de ser a *café com leite* permitiu que ela treinasse o *goalball* e se sentisse segura para tal. Somos nós, pesquisadoras embebidas de pensamentos críticos, que, ao refletirmos sobre esse relato, questionamos: Será que a posição de *café com leite* permitiu que Cecillinha se desenvolvesse no esporte? Será que, realmente, ela gostaria de ter vivenciado mais oportunidades na modalidade? Será que ela percebia as relações de gênero e deficiência na prática? Ainda que não guardemos respostas para tais perguntas, o que sabemos é que Cecillinha não participava das competições e por pouco tempo permaneceu nos treinamentos.[3] Entre desafios e possibilidades restritas de prática esportiva, Cecillinha se encontrava marginalizada em um espaço dominado pelos homens e

---

3. O relato é referente ao ano de 2019. Não há evidências prévias e posteriores a esse período de envolvimento de Cecillinha com a equipe.

pelos atributos a eles designados (por exemplo, competitividade, força e agressividade).

É com base nesse relato que nossas reflexões serão guiadas a partir de agora. Refletimos sobre as experiências que permearam as vivências de Cecillinha e acreditamos que há duas vertentes a serem questionadas: 1) *o esporte e a mulher*; 2) *a mulher esportista*. Não é evidente a divergência entre ambos os apontamentos. Contudo, nesse caso, a ordem dos fatores altera o produto. O sentido muda no momento que a mulher é colocada na frente da sua prática esportiva, e essa prática se torna adjetivo para caracterizá-la.

Falar sobre *o esporte e a mulher* é falar de cenários carregados de normativas e estereótipos que distanciam a protagonista do fenômeno sociocultural e polissêmico que é o esporte. Por isso, a tentativa de trazer a *mulher esportista* para o centro da discussão tem o objetivo de incorporar a deficiência como um eixo identitário, a fim de promover o lugar da mulher com deficiência na sociedade no âmbito esportivo de participação, lazer e alto rendimento. Visando à reflexão de profissionais que trabalham com essas mulheres e com o foco no empoderamento delas próprias, este capítulo é mais um ato de aliança e resistência.

O esporte e a mulher

Opostos que não se atraem?

O hiato existente entre *o esporte e a mulher* ocorre em diferentes cenários. Seja em ambientes educacionais, em práticas com intuito de lazer, ou até mesmo no esporte de rendimento, meninas e mulheres enfrentam barreiras, concretas e abstratas, nas trajetórias para o exercício pleno dos direitos ao esporte. Contudo, nem todas trilham o mesmo caminho. Cada mulher, com seu lugar de fala, percorre um labirinto de privilégios e silenciamentos até o almejado esporte e nele próprio (Alves,

2024). A experiência interseccional, detalhada no Capítulo 2, aponta para os fluxos e influxos das meninas com deficiência no esporte.

Como exemplo, quando apresentamos a protagonista Cecillinha como uma menina com deficiência, é importante perceber que a deficiência não é a única relação de poder que a envolve. Sua raça, classe e sexualidade não foram destacadas, e, possivelmente, impactaram (e ainda impactam) os caminhos na entrada, manutenção e permanência no esporte. Ainda assim, o próprio diálogo da deficiência e do gênero é recente e precisa ser promovido e praticado na literatura. Dessa forma, é essa relação que será problematizada neste capítulo, entendendo-se a urgência de questionar a hegemonia masculina e corponormativa no campo esportivo (Apelmo, 2016; DePauw, 1997a, 1997b).

A mulher esportista

Falar de meninas e mulheres com deficiência reflete pontos de vista particulares, ao invés de gerais (Morris, 1991). Isso porque:

- o envolvimento esportivo depende de agentes e contextos facilitadores (Anderson, 2009; Ruddell; Shinew, 2006);
- suas motivações para permanecer praticando dependem de fatores intrínsecos e extrínsecos (Blinde; McCallister, 1999);
- em contato com o esporte escolar, elas são subestimadas em relação aos meninos com deficiência e às meninas sem deficiência da turma (Apelmo, 2018);
- em práticas com intuito de lazer, as participações são restritas e, em geral, pouco acessíveis;
- quando inseridas no esporte de alto rendimento, suas visibilidades esportivas são mediadas pela intersecção de categorias sociais, como deficiência, gênero e outras tantas que produzem posições marginalizadas (Abdel-Shehid; Kalman-Lamb, 2017);

- quando representadas pela mídia, papéis tradicionais de gênero prevalecem (por exemplo, esposa e mãe), e o mérito pelo desempenho não é creditado a elas (Weiller-Abels; Everbach; Colombo-Dougovito, 2021).

Resta alguma dúvida de que devemos desvendar o universo esportivo das meninas e mulheres com deficiência?

Elas no esporte educacional

Começaremos adentrando no ambiente escolar: um espaço educativo reconhecido como direito de todos e dever do Estado, assegurado pela Constituição Federal da República Federativa do Brasil (Brasil, 1988), principalmente a partir da Lei Brasileira da Inclusão (n. 13.146, de 2015). Contudo, quando o assunto é a pessoa com deficiência nesse cenário, sobretudo nas aulas de Educação Física, um caminho intricado parece preencher a trajetória da menina e da mulher. Isso porque, apesar de as aulas de Educação Física serem constituídas com oportunidades para promover a saúde e a participação ativa dos alunos com deficiência (Rojo-Ramos *et al.*, 2022), na maioria das vezes elas não são percebidas como um ambiente inclusivo (Fiorini; Manzini, 2016).

Entre os diversos desafios para a inclusão, a falta de conhecimento sobre a deficiência e a carência de profissionais especializados são os que mais prevalecem (Alves *et al.*, 2022). Por meio de atividades esportivas baseadas no modelo médico da deficiência, padrões preestabelecidos de corpo e comportamento são incorporados, idealizados e privilegiados nas aulas (Smith; Sparkes, 2020). Nesse sentido, alunos que não respondem ao que é exigido são excluídos ou segregados das atividades, uma vez que a ideia de corpo *normal* e capacitado é valorizada em detrimento do corpo considerado *anormal* e incapacitado. Nessa dualidade, materializada em um pensamento binário "normal" *versus* "anormal", o corpo com deficiência é inscrito na anormalidade (Fitzgerald, 2005; Hill; Azzarito, 2012).

Fitzgerald (2005) afirma que há um "paradigma de normatividade" altamente valorizado que prevalece nas aulas de Educação Física e que enfatiza que o *normal* se refere ao corpo masculino, muscular e atlético. Nessa lógica, meninas com deficiência são consideradas o desvio da turma, já que não se adequam às normas de corpo atlético ideal (Apelmo, 2018; DePauw, 1997a). Em geral, elas são invisíveis, deixadas à margem ou à mercê de uma possibilidade participativa como *café com leite*, como foi o caso de Cecillinha.

A complexidade na escola se intensifica quando as meninas com deficiência nem mesmo são encorajadas ou ensinadas a se desafiar nas aulas (Henderson; Bedini, 1995). O tratamento benevolente com Cecillinha, por exemplo, nos ajuda a compreender que sua possibilidade de desenvolvimento esportivo foi negligenciada. *E se* ela tivesse sido estimulada? *E se* houvesse uma equipe de *goalball* feminina? *E se* os treinadores tivessem concentrado esforços para entender e trabalhar com relações de gênero presentes nas aulas? *E se*... Essas e outras perguntas permanecem no terreno da lamentação e na ambição de fazer diferente a partir de agora. Partindo do pressuposto de que, em geral, meninas com deficiência são subestimadas em relação aos meninos com deficiência e às meninas sem deficiência na educação física (Apelmo, 2018), na condição de profissionais de educação física, precisamos fazer diferente.

Enquanto isso, meninas e mulheres usam de estratégias para participar das aulas. Na tentativa de não sofrerem *bullying* e de se aproximarem de uma ideia de mulher esportista, por exemplo, algumas meninas tendem a se associar com e/ou contra os meninos para se destacarem quando o assunto é o esporte (Apelmo, 2016). Ao se associarem com os meninos, elas passam a se subordinar às regras e condutas deles, visando pertencer ao espaço de jogo. Ao se associarem contra os meninos, elas dependem de uma provação contínua de força e capacidade para validarem o que a eles é idealizado.

Se refletirmos sobre a história de Cecillinha, poderemos compreender sua aliança com os jogadores quando ela aceitava a posição de *café com leite* para pertencer à equipe. É evidente que o espaço privilegiado era deles e que o jogo era dominado por eles, principalmente quando eles a instruíam acerca de como jogar perfeitamente. A realidade é que o *café com leite* foi uma estratégia para incluir Cecillinha em um espaço a que ela não poderia pertencer apenas como praticante.

Nesse terreno, é importante destacar outros contextos ainda mais desafiadores quando o tipo de deficiência é mais visível e fica evidente em interação com colegas sem deficiência. Como exemplo, outra estratégia usada por meninas com deficiência é a ocultação da deficiência (Cottingham *et al.*, 2018). A busca pelo acobertamento da deficiência, que, por vezes, se torna inconsciente e automática, é um esforço para o desvio dos olhares curiosos e questionadores que elas vivenciam diariamente. Ao contrário de corpos sem deficiência, que têm o privilégio de passarem despercebidos, os corpos com deficiência perturbam as expectativas sociais e, por isso, são constantemente encarados na sociedade (Garland-Thomson, 2009). As meninas não querem isso na escola. Elas não devem passar por isso no esporte. Elas querem ser como todo mundo (Apelmo, 2016).

Elas no esporte de participação

Abordado o cenário escolar, passaremos a adentrar nas práticas esportivas por lazer – aquelas que se sustentam na autorrealização (Pasquarelli *et al.*, 2022). Para instigar as discussões, começaremos com alguns questionamentos: Onde meninas e mulheres praticam esportes por lazer? Quantas crianças com deficiência você já observou praticando alguma modalidade na praça pública perto de sua casa? Quantos adolescentes com deficiência você já presenciou praticando o *goalball* em uma quadra municipal? Se analisarmos do ponto de vista histórico, os espaços de lazer, sejam eles públicos ou privados, foram e são territorialidades de pessoas sem deficiência. O distanciamento entre *o esporte e a mulher* é ainda mais severo quando o assunto é o lazer na prática.

Seria, então, a falta de acessibilidade a maior barreira limitante do acesso da pessoa com deficiência ao esporte de lazer? A resposta é não. Embora a acessibilidade deva ser uma das prioridades em arranjos e relações da sociedade (Araújo; Cândido; Leite, 2009), a luta pela oportunidade de prática de pessoas com deficiência não cessa quando se eliminam as barreiras (Crow, 1996). De fato, instalações inacessíveis, falta de transporte público e de planejamento na construção e execução de atividades (por exemplo, piscinas desaquecidas e quadras sem entradas e saídas acessíveis) são exemplos de barreiras estruturais que dificultam ou impedem a participação da pessoa com deficiência em práticas esportivas (French; Hainsworth, 2001). Contudo, barreiras abstratas (por exemplo, atitudes capacitistas) invadem as trajetórias das meninas e mulheres e demonstram como os desafios da prática podem se mostrar ocultos na sociedade.

Falta de conhecimento sobre as deficiências, carência de treinamento especializado sobre os esportes adaptados e paraolímpicos, além da escassez de oportunidades para as próprias pessoas com deficiência se envolverem com a organização e aplicação das atividades são exemplos dessas barreiras (French; Hainsworth, 2001). Os desafios estruturais e atitudinais no esporte de participação se somam, complexificando o alcance de um cenário em que *mulher esportista* prevalece – sobretudo porque, frequentemente, meninas e mulheres com deficiência se encontram com baixa autoestima, falta de confiança, medo do fracasso e, inclusive, falta de interesse em praticar (Grimes; French, 1987).

O distanciamento de meninas e mulheres com deficiência em relação ao esporte de participação tem outros vieses de gênero a serem destacados. Blinde e McCallister (1999), por exemplo, entrevistaram 16 mulheres com diversas deficiências físicas, e perguntaram sobre os motivos que as restringiram no envolvimento com um programa de atividades físicas e esportivas recreacionais. No estudo, várias mulheres relataram que "o esporte e a atividade física eram meios para os homens com deficiência acentuarem sua masculinidade e aprimorarem sua identidade masculina" (Blinde; McCallister, 1999, p. 308, tradução nossa). Sendo o esporte um ambiente generificado (isto é, sublinhado pela diferença de gênero) e generificador (isto é, que promove a diferença de gênero) (Goellner, 2021), mulheres com deficiência podem enfrentar dificuldades em transpor e questionar a dominação masculina.

Papéis tradicionais de gênero sustentam a hegemonia masculina no esporte (Rubio, 2021), ao passo que as mulheres são pressionadas para evocar uma versão antiquada de feminilidade que enfatiza equilíbrio, elegância, docilidade e beleza. Em um cenário, no mínimo, duplamente desafiador, as mulheres com deficiência são consideradas desviantes por serem tanto desqualificadas à posição de atletas quanto incapazes de alcançar o ser feminino ideal (Apelmo, 2016; Garland-Thomson, 1997). Logo, nosso desafio é ressignificar e promover a imagem da *mulher com deficiência esportista*. Uma imagem que quase sempre esteve representada por homens com deficiências, mas que precisa da aliança e da força de mulheres para mulheres.

Elas no esporte de rendimento

O esporte de rendimento se revela como um cenário de aquisição e desenvolvimento de habilidades esportivas com foco no máximo rendimento esportivo (Pasquarelli *et al.*, 2022). Apesar de haver outras possibilidades de alto rendimento esportivo para pessoas com deficiência,[4] estamos nos referindo aqui ao Movimento Paralímpico, um contexto que envolve instituições e pessoas em prol da promoção e organização de esportes paraolímpicos desde meados do século XX. Nesse terreno, falar sobre a mulher no Movimento Paralímpico problematizando as compreensões e relações de deficiência e gênero é falar de um cenário com baixa visibilidade e escasso protagonismo feminino, em que discursos capacitistas e sexistas convergem (Marcondes *et al.*, 2024; Santos *et al.*, 2024).

Todavia, é importante retratar que a trajetória até o esporte e no esporte é muito diversa entre as mulheres. Nem toda menina ou mulher incentivada vai tornar-se atleta. Nem toda mulher que adquire uma deficiência pode tornar-se atleta. Aqui, estamos dizendo que esse caminho

---

4. Destaque para os movimentos esportivos que envolvem as pessoas com deficiência intelectual (*Special Olympics*) e a comunidade surda (*Deaflympics*).

estreito que reflete os contextos das *mulheres esportistas* é dependente de interesse, perseverança, estímulo, financiamento, entre outros fatores. Estamos falando de pessoas diferentes no que tange a experiências individuais e coletivas, territórios de desenvolvimento, idades, aspectos socioeconômicos, raças, regionalidades e nacionalidades, relações com sexualidade, gênero, deficiência, entre outras conexões com relações de poder na sociedade (Alves, 2024). Dessa forma, cada protagonista trilha um caminho à luz da sua individualidade, bem como do contexto e do objetivo que o envolvem.

Nesse âmbito, a rede de apoio que envolve a vida das meninas e mulheres é fundamental no processo de entrada e permanência no esporte. Na figura de mães, pais, demais familiares, pares com e sem deficiências, terapeutas, treinadores, praticantes, atletas e outros, essas pessoas atuam como agentes facilitadores ao incentivarem e motivarem uma vida como *mulher esportista* (Ruddell; Shinew, 2006). Entendendo que as mulheres podem internalizar perspectivas de que elas não se configuram como atletas "ideais" (Olenik; Matthews; Steadward, 1996), esses agentes devem contribuir para o desenvolvimento de experiências positivas no esporte (Anderson, 2009).

As mulheres precisam ser desafiadas, e não mantidas nos limites da atuação como *café com leite*. A imagem fragilizada e infantilizada que emerge junto com esse posicionamento é evidente quando mulheres paraolímpicas são retratadas como super-heroínas ao alcançarem feitos esportivos que não são esperados aos seus corpos (Hargreaves, 2000). Além disso, os desafios impostos pelo predomínio masculino, que já vem sendo retratado neste capítulo, são fortalecidos no cenário esportivo de rendimento e dificultam a consolidação das mulheres (DePauw, 1997a; Hardin *et al.*, 2002). Quando o assunto é as mulheres paraolímpicas brasileiras, ainda que haja um aumento exponencial de atletas ao longo de 12 edições dos Jogos Paralímpicos de Verão, em especial daquelas com deficiências físicas e praticantes de modalidades individuais, a igualdade de gênero não é uma realidade (Santos *et al.*, 2024).

Apesar dessas e de outras barreiras nos contextos esportivos de rendimento, mulheres com deficiência vêm se destacando em números de participação e conquistas no Movimento Paralímpico (Santos *et al.*, 2022, 2024). Ao participarem e se destacarem, as mulheres resistem à marginalização na sociedade (Ashton-Shaeffer *et al.*, 2001), ao passo que constroem uma identidade atlética empoderada (Haiachi *et al.*, 2018; Hardin, 2007) e crítica sobre as realidades vivenciadas (Alves, 2024). Em outras palavras: "Na posição de paralímpicas, elas parecem transformar suas percepções sobre a deficiência, enquanto reescrevem uma nova história como mulheres no esporte" (Alves, 2024, p. 103).

De fato, gostaríamos de reescrever a história celebrando o protagonismo das *mulheres esportistas* desde o início dos tempos. Como não temos esse poder, nos cabe aqui um desafio de escrever uma nova história, de ressignificar um campo esportivo que vai ao encontro dos interesses e das possibilidades de desenvolvimento para quem quer que seja o protagonista. Nesse sentido, nossa última missão neste capítulo é falar francamente com os responsáveis pelo ensino e treinamento dessas mulheres: os profissionais de educação física.[5]

Para os profissionais de educação física

Reflexões para o ensino e treinamento

Primeiramente, o óbvio precisa ser dito: meninas e mulheres com deficiência têm o direito de praticar e vivenciar o esporte, como e quando preferirem. Seja no âmbito escolar, seja em atividades físicas e esportivas com foco no lazer ou em outros cenários de rendimento, o direito à prática e à escolha precisa ser assegurado e promovido. Ao

---

5. É importante destacar que essa posição representa nosso lugar de fala. Como profissionais de educação física, nossa conversa vai além de uma explanação conteudista (que também tem sua relevância). Nesses últimos escritos, há o compartilhamento de experiências, indagações e ideias já vivenciadas por nós na condição de professores e treinadores.

compreender a deficiência como um eixo identitário, a diversidade das meninas e mulheres precisa ser internalizada, e essa é uma luta coletiva.

Nesse sentido, aconselhamos aos profissionais para não caírem no impulso de excluir meninas e mulheres com deficiência das aulas de Educação Física, dos clubes esportivos, das academias e de outros contextos. Nos referimos ao "impulso" por entender que, geralmente, esse caminho é o caminho mais fácil a ser perseguido. Sabemos das dificuldades de promover uma prática acessível e o desenvolvimento de uma carreira esportiva para essas mulheres.

Já experimentamos a falta de conhecimento, materiais e incentivo para tornar as práticas diversificadas e acessíveis. Presenciamos interdições de profissionais da área médica que atestaram o afastamento delas ao esporte. Sabemos que, muitas vezes, a diretoria da escola, do clube, da academia e outros contextos restringem a prática dessas mulheres e não estimulam a qualificação dos profissionais envolvidos. Por fim, compreendemos a superproteção de mães, pais e responsáveis, que distanciam e dificultam a prática esportiva por excesso de cuidado e, muitas vezes, pela carência de informação. Sim, precisamos, juntos, superar essas questões, e gostaríamos de compartilhar algumas ideias.

Sugerimos que os profissionais busquem se especializar. Para além do aprimoramento das possibilidades de práticas, do aprendizado de novas estratégias para o ensino e o treinamento, recomendamos o estudo e o afastamento do modelo médico da compreensão da deficiência em prol de uma elucidação do modelo social da deficiência no campo esportivo. A reabilitação e a cura ainda circundam a concepção da pessoa com deficiência no esporte, noções que, amparadas na ideia de superação da deficiência, podem gerar comportamentos capacitistas em torno da prática.

Vejamos por este lado: se você entende a deficiência como incapacidade, passe a observá-la como diversidade. Se você pensa na menina ou na mulher com deficiência como "especial", tente compreendê-la como mais uma praticante da sua aula. Finalmente, se você não é uma pessoa com deficiência ou, ainda, não tem um aluno com deficiência, questione: Por que eles não estão perto de você? O local em que você atua é acessível? Quais são as ações voltadas para as meninas e mulheres com deficiência? Essas e outras perguntas precisam fazer parte do nosso cotidiano à medida que estimulamos a sensibilidade interseccional.[6]

Sugerimos que vocês encorajem o desenvolvimento esportivo, seja qual for o interesse da menina ou da mulher. Dessa forma, quando possível, recomendamos o diálogo com as alunas com intuito de compreender desafios, gostos, anseios e possibilidades para um plano de desenvolvimento esportivo. Se eventualmente o diálogo com elas não for possível, conversem com seus familiares, responsáveis e/ou amigos próximos; eles podem colaborar, elucidando realidades e detalhes da vida particular.

Por fim, gostaríamos de instruir o respeito com o corpo da menina e da mulher com deficiência. Por vezes, o contato físico do profissional com a praticante precisa ser ativo e atento a fim de contribuir para a vivência de determinadas modalidades. Por exemplo, algumas pessoas requerem auxílio físico para a transferência da cadeira de rodas para a borda da piscina, para o banco do halterofilismo, entre outros locais de prática. Se for necessária a ajuda, entenda que a cadeira de rodas, tal como o corpo da praticante/atleta, requer cuidado e respeito. Em outros casos, é necessária a manipulação do corpo com intuito de instruir os alunos para a aprendizagem de gestos técnicos específicos, como é o caso das estratégias táteis e cinestésicas no trabalho com as pessoas com deficiências visuais. Em ambos os casos, o elo entre os profissionais de educação física e os alunos, praticantes e atletas precisa ser de confiança e gentileza.

---

6. Mais detalhes sobre a interseccionalidade estão dispostos no Capítulo 2.

Palavras finais

A trilha do desenvolvimento esportivo de *mulher esportista* é infinita. A cada percurso, há uma nova possibilidade. A cada possibilidade, um novo desafio. A cada desafio, uma nova conquista. E, a cada conquista, uma nova meta. Acreditamos que nossos escritos reuniram informações importantes em prol da manifestação de práticas esportivas voltadas aos cenários educacional, de participação e de rendimento para a comunidade com deficiência, em especial às mulheres. Juntos, podemos deixar de (re) produzir histórias como a da Cecillinha.

Referências

ABDEL-SHEHID, G.; KALMAN-LAMB, N. Complicating gender, sport, and social inclusion: the case for intersectionality. *Social Inclusion*, v. 5, n. 2, p. 159-162, 2017.

ALVES, I. S. *A trajetória de mulheres paralímpicas brasileiras a partir dos estudos feministas da deficiência*. 2024. Tese (Doutorado em Educação Física) – Faculdade de Educação Física, Universidade Estadual de Campinas, Campinas, 2024.

ALVES, M. L. T. *et al*. The gap and the bridge: Brazilian Physical Education pre-service training for inclusion. *British Journal of Special Education*, v. 49, n. 4, p. 648-666, 2022.

ANDERSON, D. Adolescent girls' involvement in disability sport: implications for identity development. *Journal of Sport and Social Issues*, v. 33, n. 4, p. 427-449, 2009.

APELMO, E. *Sport and the female disabled body*. Nova York: Routledge, 2016.

APELMO, E. "You do it in your own particular way". Physical Education, gender and (dis)ability. *Sport, Education and Society*, v. 24, n. 7, p. 702-713, set. 2018.

ARAÚJO, C. D. de; CÂNDIDO, D. R. C.; LEITE, M. F. Espaços públicos de lazer. *Licere*, v. 12, n. 4, p. 1-43, dez. 2009.

ASHTON-SHAEFFER, C. *et al*. Women's resistance and empowerment through wheelchair sport. *World Leisure Journal*, v. 43, n. 4, p. 11-21, 2001.

BLINDE, E. M.; McCALLISTER, S. G. Women, disability, and sport and physical fitness activity: the intersection of gender and disability dynamics. *Research Quarterly for Exercise and Sport*, v. 70, n. 3, p. 303-312, 1999.

BRASIL. [Constituição (1988)]. *Constituição da República Federativa do Brasil*. Brasília, DF: Senado Federal, 2016. 496 p. Disponível em: https://www2.senado.leg.br/bdsf/bitstream/handle/id/518231/CF88_Livro_EC91_2016.pdf. Acesso em: 5 jul. 2024.

COTTINGHAM, M. *et al*. Women of power soccer: exploring disability and gender in the first competitive team sport for powerchair users. *Sport in Society*, v. 21, n. 11, p. 1817-1830, 2018.

CROW, L. Including all of our lives: renewing the social model of disability. *In*: BARNES, C.; MERCER, G. (ed.). *Exploring the divide*. Leeds: The Disability Press, 1996. p. 55-72.

DEPAUW, K. P. Sport and physical activity in the life-cycle of girls and women with disabilities. *Women in Sport and Physical Activity Journal*, v. 6, n. 2, p. 225-237, 1997a.

DEPAUW, K. P. The (In)Visibility of DisAbility: cultural contexts and "sporting bodies". *Quest*, v. 49, n. 4, p. 416-430, 1997b.

FIORINI, M. L. S.; MANZINI, E. J. Concepção do professor de Educação Física sobre a inclusão escolar do aluno com deficiência. *Debates em Educação*, v. 8, n. 15, p. 81-107, jun. 2016.

FITZGERALD, H. Still feeling like a spare piece of luggage? Embodied experiences of (dis)ability in Physical Education and school sport. *Physical Education & Sport Pedagogy*, v. 10, n. 1, p. 41-59, fev. 2005.

FRENCH, D.; HAINSWORTH, J. "There aren't any buses and the swimming pool is always cold!": obstacles and opportunities in the provision of sport for disabled people. *Managing Leisure*, v. 6, n. 1, p. 35-49, 2001.

GARLAND-THOMSON, R. *Extraordinary bodies*: figuring physical disability in American culture and literature. Nova York: Columbia University Press, 1997.

GARLAND-THOMSON, R. *Staring*: how we look. Nova York: Oxford University Press, Inc., 2009.

GOELLNER, S. V. Corpos, gêneros e sexualidades: em defesa do direito das mulheres ao esporte. *Revista do Centro de Pesquisa e Formação*, v. 13, p. 99-112, 2021.

GRIMES, P. S.; FRENCH, L. Barriers to disabled women's participation in sports. *Journal of Physical Education, Recreation & Dance*, v. 58, n. 3, p. 24-27, mar. 1987.

HAIACHI, M. de C. et al. Different views of (dis)ability: sport and its impact on the lives of women athletes with disabilities. *Journal of Physical Education and Sport*, v. 18, n. 1, p. 55-61, 2018.

HARDIN, M. et al. Olympic photo coverage fair to female athletes. *Newspaper Research Journal*, v. 23, n. 2-3, p. 64-78, 2002.

HARDIN, M. "I consider myself an empowered woman": the interaction of sport, gender and disability in the lives of wheelchair basketball players. *Women in Sport and Physical Activity Journal*, v. 16, n. 1, p. 39-52, 2007.

HARGREAVES, J. *Heroines of sport*: the politics of difference and identity. Londres/Nova York: Routledge, 2000.

HENDERSON, K. A.; BEDINI, L. A. "I have a soul that dances like Tina Turner, but my body can't": physical activity and women with mobility impairments. *Research Quarterly for Exercise and Sport*, v. 66, n. 2, p. 151-161, jun. 1995.

HILL, J.; AZZARITO, L. Representing valued bodies in PE: a visual inquiry with British Asian girls. *Physical Education & Sport Pedagogy*, v. 17, n. 3, p. 263-276, jul. 2012.

MARCONDES, I. M. et al. Gender (in)equity in the Brazilian Paralympic Committee Coverage of the Paralympic Games. *International Journal of Sport Communication*, p. 1-12, 2024.

MORATO, M. P.; GOMES, M. S. P.; ALMEIDA, J. J. G. de. Os processos auto-organizacionais do goalball. *Revista Brasileira de Ciências do Esporte*, v. 34, n. 3, p. 741-760, set. 2012.

MORRIS, J. *Pride against prejudice*: transforming attitudes to disability. Londres: The Women's Press, 1991.

OLENIK, L. M.; MATTHEWS, J. M.; STEADWARD, R. D. Women, disability and sport: unheard voices. *Canadian Women Studies*, v. 15, n. 4, p. 54-57, 1996.

PASQUARELLI, B. et al. *Modelo de desenvolvimento esportivo do COB*. 2. ed. Brasília: Departamento de Cultura e Valores Olímpicos, 2022.

ROJO-RAMOS, J. et al. Female and rural school students show more positive attitudes toward disability during Physical Education lessons. *International Journal of Environmental Research and Public Health*, v. 19, n. 10, p. 1-9, maio 2022.

RUBIO, K. *Mulheres e esporte no Brasil*: muitos papéis, uma única luta. São Paulo: Laços, 2021.

RUDDELL, J. L.; SHINEW, K. J. The socialization process for women with physical disabilities: the impact of agents and agencies in the introduction to an elite sport. *Journal of Leisure Research*, v. 38, n. 3, p. 421-444, 2006.

SANTOS, L. G. T. F. *et al*. Evolução histórica da participação do Brasil nos jogos paralímpicos de verão/Historical evolution of Brazil's participation in the summer paralympic games. *Motricidade*, v. 18, n. 3, p. 438-448, 2022.

SANTOS, L. G. T. F. *et al*. Brazilian women in paralympic sports: uncovering historical milestones in the Summer Paralympic Games. *Adapted Physical Activity Quarterly*, v. 41, n. 4, p. 499-512, abr. 2024.

SMITH, B.; SPARKES, A. C. Disability, sport and physical activity. *In*: WATSON, N.; VEHMAS, S. (ed.). *Routledge handbook of disability studies*. 2. ed. Nova York: Routledge, 2020. p. 391-403.

WEILLER-ABELS, K.; EVERBACH, T.; COLOMBO-DOUGOVITO, A. M. She's a lady; he's an athlete; they have overcome: portrayals of gender and disability in the 2018 Paralympic Winter Games. *Journal of Sports Media*, v. 16, n. 1, p. 123-148, 2021.

4
SOBRE O NORMAL E O DIFERENTE NA EDUCAÇÃO FÍSICA: CAPACITISMO E O ALUNO COM DEFICIÊNCIA

Pessoas com deficiência vivenciam ao longo de suas vidas diversas formas de discriminação, seja econômica, social, legal, cultural e religiosa, com exclusão ou participação limitada na sociedade (UN, 2007). Muitos são os debates e estudos no campo da deficiência para a compreensão dos diferentes tipos de prejuízo e desvantagem sofridos pela pessoa com deficiência na sociedade. Nesse campo, compreender o processo de inclusão da pessoa com deficiência exige compreender sobretudo a sua exclusão. Inclusão e exclusão não se manifestam de maneira isolada e descontextualizada da sociedade em que vivemos, mas como reflexo de valores e crenças sobre a essência do que acreditamos e defendemos como ser humano e o diferente (Campbell, 2009).

A teoria do capacitismo, ou *ableism* na língua inglesa, tem sua origem no campo dos estudos da deficiência (*disability studies*), o qual emana da perspectiva de que a deficiência é um entendimento sociológico, econômico e cultural, em vez de um problema psicológico, corporificado ou medicalizado de maneira individualizada (Erevelles, 2005; Goodley, 2014). Para Oliver (1996, p. XIV, tradução nossa):

Todas as pessoas com deficiência vivenciam a deficiência como restrição social, quer essas restrições ocorram em consequência de ambientes construídos inacessíveis, noções questionáveis de inteligência e competência social, incapacidade da população em geral de usar a língua de sinais, falta de material de leitura em Braille, ou atitudes públicas hostis para com pessoas com deficiências não visíveis.

O campo de conhecimento da teoria do capacitismo foi fundado em discussões sociológicas sobre dois conceitos-chave: deficiência e habilidade/capacidade – conceitos que não devem ser compreendidos ou definidos de forma dissociada. A habilidade só pode ser entendida na sua relação com a incapacidade (deficiência) (Campbell, 2009; Goodley, 2014), emergindo nas relações com os outros (Campbell, 2009). Assim, a habilidade exige reconhecimento e sustento na sociedade. Goodley (2014, p. XIII, tradução nossa) afirma:

> As pessoas têm dificuldade em definir "normal" e "capacidade", mas estão muito mais prontas para categorizar "anormal" e "deficiência". Os estudos de deficiência mantêm a deficiência e a capacidade, a deficiência e a habilidade em jogo, para explorar sua coconstrução e confiança mútua.

Em uma sociedade construída pela lente do capacitismo, a deficiência é compreendida pelo discurso da medicalização. Nesse discurso, a deficiência é reduzida a aspectos biológicos e fisiológicos, e tratada como um *problema* individual. Ao ser um problema médico, deve ser medicada e tratada para que o indivíduo possa responder às demandas da sociedade. Nesse cenário, o modelo social da deficiência vem romper essa visão medicalizada da deficiência para sua compreensão como resultado das condições oferecidas pela sociedade para sua inclusão. O modelo social altera a visão da deficiência como uma doença (visão medicalizada) para a deficiência como uma opressão social (Goodley, 2014).

Apesar da ausência de especificidade conceitual, o termo "capacitismo" é descrito pelos diferentes autores como a desvalorização e a diferenciação da deficiência por meio da valorização da capacidade física, equiparada à normalidade (Campbell, 2009; Goodley, 2014). Nesse campo, não há consenso sobre quais são os comportamentos e as atitudes determinantes que constituem o capacitismo (Campbell, 2009; Goodley, 2014). Para Wolbring (2007, p. 1, *apud* Campbell, 2009, tradução nossa), o capacitismo se refere a

> [...] um conjunto de crenças, processos e práticas que produzem – com base nas habilidades que uma pessoa exibe ou valores – uma compreensão particular de si mesmo, seu corpo e sua relação com os outros da humanidade, outras espécies e o ambiente, e inclui como um é julgado pelos outros.

Nesse sentido, o capacitismo se refere ao estabelecimento do corpo capaz como norma na sociedade, e em contrapartida à demarcação do corpo deficiente como fora da norma. Na perspectiva do capacitismo, a deficiência, independentemente de seu tipo e grau, é compreendida como algo inerentemente negativo, o qual deve ser curado, melhorado ou até eliminado. Campbell (2009, p. 44, tradução nossa) descreve que o capacitismo se refere à "rede de crenças, processos e práticas que produzem um tipo particular de *self* e corpo (o padrão corporal) que é projetado como o perfeito, típico da espécie e, portanto, essencial e totalmente humano. A deficiência, então, é considerada um estado diminuído do ser humano".

Para Goodley, o capacitismo se manifesta nas esferas psicológicas, sociais, econômicas e culturais por meio da valorização da condição física reconhecida como normativa. O capacitismo valoriza formas suaves de personalidade, além de boa saúde, e cria espaço adequado para os cidadãos normativos (Campbell, 2009; Goodley, 2014). O capacitismo tem raízes profundas na nossa cultura, ultrapassando procedimentos, estruturas e instituições sociais. Nesse cenário, o capacitismo se fundamenta em dois aspectos essenciais:

1) estabelecimento de uma normativa pautada na avaliação da capacidade, com reconhecimento do corpo não deficiente como capaz, natural, perfeito e humano;

2) imposição de uma divisão entre a humanidade considerada *normal* e o *desviante*, identificado como o corpo deficiente.

Nesse sentido, as crenças e os valores do capacitismo instituem a diferença na sociedade. Segundo Campbell (2009, p. 6), "não é possível ter um conceito de diferença sem o capacitismo". Para a existência do capacitismo, é necessária a instituição da diferença. O corpo deficiente, ao não conseguir atingir o padrão de capacidade instituído na norma, é negado e excluído. Para Campbell (2009, p. 11, tradução nossa), a "negação do deficiente afirma a existência da norma, do ser humano 'real/essencial' que é dotado de atributos masculinistas de certeza, domínio e autonomia. O corpo deficiente tem um lugar, um lugar na liminaridade para assegurar a representação performativa do normal".

Compreender o conceito de deficiência perpassa a compreensão do que é diferente e do que é humano. O capacitismo com sua rede de conhecimento está internalizado na sociedade, atuando, limitando e sobretudo moldando a formação da identidade de indivíduos ao longo da vida (Campbell, 2009). O capacitismo compõe nosso cotidiano inconsciente (Goodley, 2014), delineando, por meio da exclusão e da marginalização, como encaramos a deficiência e respondemos a ela. Em face do capacitismo, a sociedade sem deficiência (*able-bodied*) é obcecada pelo atendimento à *normalidade* (Goodley, 2014).

Campbell (2009, p. 22, tradução nossa) ressalta que, com o capacitismo, "a existência da deficiência é tolerada em vez de celebrada como parte da diversidade humana". Nesse contexto, perde-se o reconhecimento da deficiência como uma identidade do indivíduo (Goodley, 2014). Campbell (2009) destaca que o capacitismo se utiliza de duas estratégias:

1) o distanciamento das pessoas com deficiência umas das outras (dispersão), sem aceitação de um senso de identidade de grupo entre elas;

2) a internalização pelas pessoas com deficiência de normas e crenças do capacitismo.

Nesse sentido, pessoas com deficiência buscam mostrar que são capazes apesar da sua deficiência e não pela sua deficiência:

> As mulheres falam sobre ter orgulho de quem são – orgulhosas porque são mulheres; os aborígenes falam sobre serem orgulhosos porque são aborígenes; gays e lésbicas por terem orgulho de sua sexualidade. Mas, em todo o movimento da deficiência, é muito mais provável que ouçamos pessoas com deficiência falando sobre o orgulho de si mesmas, apesar de sua deficiência (Parsons; Mills, 1999, p. 14, tradução nossa).

Goodley (2014) contextualiza a estruturação do capacitismo, denominado pelo autor de capacitismo neoliberal (*neoliberal ableism*), diante do estabelecimento histórico de políticas econômicas capitalistas neoliberais. O capacitismo neoliberal normatiza o indivíduo por meio da constituição do cidadão ideal, valorizando o corpo saudável e capaz como força de trabalho para a manutenção do sistema. Corpos funcionais e mentes racionais trabalham para o capital; o corpo deficiente não. O autor afirma que nesse sistema "cada um de nós se esforça para se tornar mais independente, autossuficiente e produtivo. O *self* neoliberal funcional é aquele que tem corpo e mente. Este é um eu amplamente desejado" (Goodley, 2014, p. 28, tradução nossa). Entretanto, Campbell (2009) ressalta que o capacitismo é um ideal que ninguém consegue alcançar, apesar de ser ao mesmo tempo um projeto individual e global.

O neoliberalismo transformou o corpo em capital e em uma entidade empreendedora saudável, com a naturalização do corpo capaz. Para Goodley (2014), questionar a normatividade estabelecida pelo corpo capaz teria como consequência a derrubada dos pilares que sustentam o individualismo liberal e o capitalismo. A exclusão daqueles que saem da norma se estabelece como única saída para a manutenção do nosso sistema social. Nesse sistema, o senso de identidade e o valor do indivíduo são julgados em termos de sua serventia na economia de mercado. O indivíduo é o responsável pelo seu próprio sucesso e pela sua própria subsistência em uma sociedade de mercado livre. Assim, todos podem ter sucesso com trabalho duro. Não é possível uma discussão sobre capacitismo sem o reconhecimento do contexto político, econômico e social (Goodley, 2014).

Capacitismo e a escola

O neoliberalismo impacta a educação global, atingindo a escola contemporânea dentro e fora da sala de aula (Barton; Slee, 1999). Escolas e currículos são moldados sob a égide do capacitismo para a manutenção dos pilares do sistema econômico/social vigente (Goodley, 2014). Como parte da sociedade e como reprodutoras de seus valores e crenças (Apple, 2004; Saviani, 2008), escolas se moldam ao modelo de busca do padrão normativo de indivíduo, formando não cidadãos livres, mas produtos/ consumidores para o mercado.

Nesse ponto, a escola regular é a instituição capaz de garantir a manutenção dos valores sociais, com a formação de corpos e subjetividades (Erevelles, 2005). Essa instituição atende aos princípios econômicos e sociais do governo (Barton; Slee, 1999). O currículo neoliberal imerso no capacitismo tem papel de formar o aluno típico, *normal* e capaz – aluno esse que é o ideal do sistema educacional, sustentando modelos padronizados de ensino, aprendizagem e avaliação. A escolarização, confundida ou estruturada como um processo produtivo de mercado, é pautada em padronização de performance e metas de aprendizagem, como metas de qualidade do produto oferecido, o cidadão (Barton; Slee, 1999; Erevelles, 2005; Evans, 2014).

Como parte do processo de escolarização, o currículo reflete o capacitismo neoliberal e tem a função de servir a ele (Erevelles,

2005). Nesse contexto, o currículo atende aos interesses da indústria e do mercado, formando ao mesmo tempo sua força produtiva e seus consumidores. Goodley (2014, p. 27, tradução nossa) afirma que o currículo ideal para a indústria é o currículo da escola, ressaltando que "a 'McDonaldização' dos currículos escolares reflete as prioridades das corporações pan/nacionais com racionalidade tecnocrática e a classificação, a peneiração e o teste dos alunos".

O currículo manifesta o conhecimento escolhido pela sociedade para ser ensinado às crianças na escola. Longe de ser uma escolha democrática (Apple, 2004), quando atua como uma força repressiva, o currículo é instrumental para a construção da identidade e da diferença (Erevelles, 2005). Nas palavras de Castenell e Pinar (2005, p. 5, tradução nossa): "O que nós, como adultos, escolhemos dizer aos nossos filhos nas escolas [...] representa quem queremos que eles pensem que somos e o que eles podem se tornar". Nesse aspecto, a deficiência ainda parece invisível no currículo, que contempla discursos de raça e gênero no currículo, mas não sobre a deficiência. Ela ainda não é entendida como parte da condição humana, sendo que Erevelles (2005) ressalta que normalidade e deficiência são duas faces de uma mesma moeda.

Nesse sentido, a lógica organizacional da escola e do seu currículo é estruturada em discursos normatizadores que estão continuamente em ação para apagar quaisquer sinais de desvio/incapacidade que sirvam para ameaçar a ordem social. As inúmeras estratégias institucionalizadas de avaliação são usadas para prever a capacidade produtiva dos futuros trabalhadores. Erevelles (2005, p. 433, tradução nossa) afirma que, por meio de "testes de avaliação, os alunos são segregados com base em suas habilidades 'naturais' e rotulados como 'superdotados', 'regulares' ou 'especiais' e atribuídos a diferentes currículos que os educam para seus desígnios ao longo da divisão social do trabalho".

Em contrapartida, a entrada da criança com deficiência na escola regular põe em xeque todos os ideais capacitistas presentes na escolarização, criando uma crise na educação (Erevelles, 2005). Sua presença coloca em evidência a contraposição entre a simultânea política educacional neoliberalista estruturada em altos níveis de competição, seleção e exclusão e os princípios de uma educação inclusiva (Atkins, 2016; Barton, 1993; Barton; Slee, 1999; Goodley, 2014), idealizada sob a égide de um sistema educacional para todos e sustentado pela equidade, participação e não discriminação (Ainscow; Sandill, 2010; Barton; Slee, 1999; Booth; Ainscow, 2002). A deficiência na escola deturpa a imagem do aluno típico (neoliberal e capaz), produto da escolarização. O aluno com deficiência é aquele incapaz de atender a expectativas, parâmetros e padrões estabelecidos para a formação do cidadão normativo e apto a atuar na sociedade (Erevelles, 2005; Goodley, 2014). Barton e Slee (1999) afirmam que a deficiência na escola revela o quanto as pedagogias são insuficientes, e os ambientes educacionais mostram-se terrivelmente instrumentais. A deficiência expõe as falhas das instituições educacionais que ainda, mesmo após anos de defesa e ativismo da deficiência, falham em antecipar suas responsabilidades.

Para a manutenção da ordem social/econômica instituída, a deficiência é negada e excluída da escola (Barton; Slee, 1999; Erevelles, 2005). A deficiência, como um dos lados do complexo incapacidade/capacidade, é vista como um problema, é encarada como o "outro", constituindo-se alvo para o abuso, o criticismo e as atividades disciplinares (Barton; Slee, 1999). Os relatos de exclusão do aluno com deficiência na escola regular são frequentes em estudos (Alves; Grenier; Haegele; Duarte, 2018; Haegele; Zhu; Davis, 2017; Rekaa; Hanisch; Ytterhus, 2018). A marginalização desses estudantes levanta o seguinte questionamento: por que estar na escola quando suas necessidades acadêmicas e sociais não são atendidas? Nesse aspecto, a educação na escola regular tem caminhado para tornar crianças diferentes menos intrusivas, em vez de mudar as escolas para se tornarem mais inclusivas (Erevelles, 2005).

A deficiência distorce as expectativas curriculares, opondo-se às expectativas de desempenho educacional. Em um sistema educacional imerso na competitividade e guiado pelas habilidades cognitivas legitimadas por uma gama de testes e avaliações (Barton; Slee, 1999), a deficiência assombra essas expectativas de desempenho, reduzindo e limitando os padrões da escola (Erevelles, 2005). Dessa forma, os conceitos de habilidade e fracasso se constituem *pela* e *na* prática da escola, representando discursos de poder e controle das agências reguladoras governamentais (Slee, 2012). Barton e Slee (1999) afirmam que, nesse contexto, o conceito de *educação especial* se traduz em um eufemismo para o fracasso.

Erevelles (2005) chama atenção para o movimento atual de estreitamento dos currículos, a limitação no diálogo comunidade-escola sobre o significado da educação e uma intensificação da performatividade e da avaliação de escolas, professores e crianças. Para a autora, a deficiência na escola nos permite um momento de pausa para reflexão e avaliação sobre os objetivos e interesses atendidos durante o processo de escolarização. Também nos permite ponderar sobre quem é valorizado nesse processo. A reflexão acerca da dualidade deficiência/habilidade na escola exige novos vocabulários, possibilidades e práticas para pensar sobre a educação de maneira renovada.

Nesse cenário, a dúvida que persiste é: como construir currículos que atendam a todos os alunos e com conhecimento que seja emancipatório? Oferecer uma educação para todos exige mudanças radicais. Mudanças que ultrapassam o patamar dos procedimentos e recursos pedagógicos, mas que confrontam e alteram crenças e valores arraigados na sociedade quanto ao que é ser humano. A deficiência exige repensar questões como: Qual o objetivo da educação? Para quem serve a educação? E aos interesses de quem ela atende?

A deficiência na escola exige reflexão e mudança em face dos ideais capacitistas. Educadores precisam reformular ambientes educacionais e questionar a busca pelos padrões acadêmicos e de performance. A deficiência precisa ser vista na educação não como uma diferença, mas como uma parte crítica da condição humana. A valoração de alunos pelo seu potencial ativo econômico na sociedade neoliberal capitalista deve dar lugar ao reconhecimento da diferença entre os alunos de maneiras criativas, promovendo a cooperação e a interdependência, em vez da competição e do individualismo radical (Erevelles, 2005).

A crítica ao sistema educacional pautado pelo sistema capitalista neoliberal e reflexo dele é compartilhada por Barton e Slee (1999) em um artigo que, embora não seja recente, apresenta considerações que se mostram atuais. Para os autores, o sistema educacional não deve ser construído ancorado em uma abordagem liderada pelo mercado para o planejamento, a provisão e os resultados da educação. O capitalismo neoliberal se reflete em uma visão limitada acerca do conceito de capacidade, exacerbando e mantendo as desigualdades existentes. Em contrapartida, a responsabilidade é atribuída ao indivíduo, considerado o consumidor final. Uma educação para todos, construída com base nos pilares da inclusão, tem como objetivo primeiro eliminar todas as formas de opressão.

Capacitismo e a educação física escolar

Políticas educacionais voltadas à inclusão de alunos com deficiência na escola regular já são uma realidade em diversos países (Klavina; Kudlácek, 2011; Tant; Watelain, 2016). No entanto, o entendimento de educação inclusiva ainda não é um consenso entre os pesquisadores e profissionais da área, e essa noção é utilizada muitas vezes como sinônimo de integração (Qvortrup; Qvortrup, 2018). Nesse cenário de muitas interpretações, porém, é consensual que a educação inclusiva não se refere à simples colocação física do aluno na escola (Goransson; Nilholm, 2014; Kruse; Dedering, 2017).

A educação inclusiva tem sido defendida como uma filosofia educacional (Block; Obrusnikova, 2007b; Haegele, 2019) voltada à educação de qualidade de todos os alunos, e não apenas daqueles com algum tipo de deficiência (Ainscow, 2005; Booth; Ainscow, 2002; Qvortrup; Qvortrup, 2018). Seu pressuposto é a remoção de barreiras à aprendizagem, vivenciada por todos os alunos durante o processo de aprendizagem. Nesse processo, a diversidade não deve ser considerada um problema, mas uma oportunidade para transformar a escola e a educação a fim de responder à diferença (Booth; Ainscow, 2002). Além dos benefícios econômicos de um único sistema educacional, a inclusão também é apoiada por seus benefícios sociais tanto para alunos deficientes quanto para a comunidade em geral (Block, 2007).

Nesse sentido, como compromisso mundial, a educação inclusiva tem se afirmado como uma meta de justiça social para o reconhecimento dos direitos e da cidadania das pessoas deficientes (Thomas, 2004). Artiles, Harris-Murri e Rostenberg (2006) defendem o discurso da justiça social no campo educacional em seu paradigma político e pragmático por meio da transformação escolar e das mudanças nos discursos e na cultura em prol da valorização da diversidade. Gerdin e colaboradores (2020) afirmam que a justiça social na educação não está relacionada a aprender a ser igual ou a manter os mesmos valores que seus colegas em sala de aula, mas sim a aprender sobre a diversidade por meio da aceitação de nossas proximidades e diferenças. Na educação, a justiça social visa promover ambientes de sala de aula fundamentados em (e abraçados por) nossa diversidade de cultura, crenças, valores e corpos, proporcionando oportunidades equitativas de aprendizagem para todos. Nesse sentido, a justiça social não é apenas uma questão de acesso e distribuição de recursos, mas de construção de direitos e deveres com a participação ativa de diferentes grupos sociais (Artiles; Harris-Murri; Rostenberg, 2006). A justiça social na educação exige, pois, o ensino *para* e *sobre* a justiça social.

Entretanto, a educação física (EF) escolar se revela como um espaço de desvantagens para muitos estudantes (Fitzgerald; Kirk, 2009), especialmente aqueles com deficiência (Block; Obrusnikova, 2007a; Coates; Vickerman, 2008; Haegele; Sutherland, 2015). Os estudos realizados na perspectiva de alunos deficientes afirmam o desejo deles em participar da aula, porém as suas experiências ainda se manifestam em relatos de exclusão e discriminação (Haegele; Sutherland, 2015; Pocok; Miyahara, 2018; Wilhelmsen; Sorensen, 2017). Nas escolas brasileiras, a situação é semelhante: observa-se participação reduzida, exclusão e reações de *bullying* pelos colegas de classe (Alves; Duarte, 2013, 2014; Alves; Haegele; Duarte, 2018).

Nesse cenário, jogos e esportes coletivos figuram como conteúdo de maior dificuldade para o envolvimento do aluno deficiente. Com aulas fundamentadas ainda em esportes coletivos convencionais – como basquetebol, handebol, vôlei e futebol –, esses alunos não conseguem responder às demandas do jogo, sendo excluídos pelos colegas de classe (Alves; Grenier; Haegele; Duarte, 2018). O aluno deficiente é aceito pelo colega não deficiente desde que não seja em jogos nos quais o time pode ser prejudicado por sua presença (Panagiotou *et al.*, 2008). Para professores de EF, a inclusão do aluno deficiente ainda é um desafio diante da natureza dos conteúdos e das tarefas. Esse ponto, isto é, o relato de despreparo profissional para atender às necessidades do aluno deficiente, é consenso entre os professores (Tant; Watelain, 2016).

Desse modo, os obstáculos à inclusão nas aulas de EF têm se revelado como reflexo do embate permanente entre a cultura da eficiência motora construída na aula de EF e a deficiência, socialmente reconhecida como incapacidade. Como um espaço e um tempo institucionalizados no cotidiano escolar, a EF é reconhecida por seus discursos sobre saúde, aptidão física, produtividade e capacidade (Sykes, 2009). Com seu currículo (DePauw, 1997; Evans, 2004; Kirk, 1999, 2002; Kirk; Tinning, 1990), ela tem o papel fundamental de promover formas socialmente aceitáveis de esportes e atividades (Kirk; Tinning, 1990; Wright; Burrows, 2006), refletindo valores sociais capacitistas por meio da prática de esportes e atividade física (Green, 2005; Laker, 2002). A perspectiva hegemônica do esporte é prevalente no currículo da EF escolar (DePauw, 1997, 2000; Green, 2005), com ênfase na habilidade, no desempenho e na competitividade, aspectos alicerçados em padrões de normalidade (Barton, 1993; Evans, 2004; Fitzgerald, 2005; Penney, 2002; Wright; Burrows, 2006).

Grenier, Collins, Wright e Kearns (2014) chamam atenção para o quão problemático tem se apresentado o papel desempenhado pela habilidade e pela capacidade no contexto do currículo como uma entidade estática e uma condição imutável (Biklen, 2000). Nesse cenário, alunos com deficiência, com capacidades e habilidades fora das normas estabelecidas, têm suas diferenças transformadas em déficits. Isso foi destacado há mais de 20 anos por Barton (1993, p. 52, tradução nossa), que sugeriu que "simplesmente adotar um currículo para pessoas fisicamente capazes sem algum diálogo crítico é inaceitável. A voz das pessoas com deficiência precisa ser ouvida [...]. Isso é absolutamente essencial no ensino de Educação Física". Embora o progresso tenha sido alcançado, ainda restam muitas questões nas aulas de EF em relação ao currículo e à participação do aluno com deficiência (Haegele, 2019; Wilhelmsen; Sorensen, 2017).

Historicamente essa realidade se revela nas aulas de EF no Brasil, as quais desde o seu início têm suas práticas estruturadas na eficiência motora, construídas com base em valores relativos ao corpo saudável e hábil (Castellani Filho, 1994; Soares, 2012). Apesar das mudanças de perspectivas em relação a esse conteúdo curricular ao longo dos anos (Castellani Filho *et al.*, 2016), suas práticas se constituíram fundamentalmente por meio de valores relacionados à performance motora com base na prática esportiva. Mesmo com a mudança de paradigma a partir da década de 1980, com a perspectiva cultural (Tojal, 2010), a prática pedagógica na aula de EF ainda é marcada pela eficiência da habilidade motora, sendo que o esporte desempenha um papel fundamental no currículo (Fiorini; Manzini, 2016).

O conceito de habilidade é central na EF escolar e está presente em todo o seu processo educacional. O termo "habilidade" não é neutro. A habilidade na aula de EF é entendida como algo fixo, estático; algo que os alunos possuem ou não (Aasland; Walseth; Engelsrud, 2020). Nesse sentido, por meio de testes e avaliações, as habilidades dos alunos são mensuradas, e, como consequência, alunos são classificados e julgados. No entanto, Wright e Burrows (2006) problematizam o pressuposto de que habilidade é uma capacidade mensurável e observável. Essa conceituação de "habilidade" permanece profundamente enraizada no campo da EF, em grande parte graças à linguagem e aos conceitos emprestados da fisiologia do exercício e de assuntos relacionados, que "naturalizam" a crença de que existem diferenças individuais de capacidade física, e que estas são relativamente fáceis de distinguir.

O termo "habilidade" é um conceito que privilegia algumas formas de competência com sua relevância no campo dos esportes tradicionais. Nesse sentido, nem todas as habilidades são valorizadas e reconhecidas pelo professor no campo da EF (Aasland; Walseth; Engelsrud, 2020). Evans (2014) corrobora essa visão afirmando que o neoliberalismo tem pautado a EF, a qual tem sido marcada pela identificação de talentos, pela valorização da aptidão física, pelo elitismo e pela perfeição. Nyberg, Barker e Larsson (2020) descrevem a EF pautada na compreensão reducionista de habilidade, centrada no desempenho esportivo e na técnica do gesto motor.

Nesse âmbito, Evans (2014) ressalta que a EF na escola foi afastada dos ideais de uma educação democrática para todos, sendo imersa nos princípios econômicos de mercado e da escolha do consumidor. Como parte do processo educacional, a EF integra o processo de produção do capital humano necessário para alcançar o máximo de competitividade na economia global para nações e indivíduos. A EF tem papel de formação do cidadão na sociedade neoliberalista, preparando aquele que é capaz de responder a esses ideais e perpetuá-los. Nesse prisma, a EF na escola ensina e reforça a habilidade como algo "natural", diante da ilusão da oportunidade igual para todos e da meritocracia, ancorada na capacidade individual. O esporte se apresenta como pano de fundo adequado para a concretização desses ideais.

O currículo na aula de EF não atende aos ideais inclusivos de equidade e participação para todos da educação inclusiva (Evans, 2014). Pautadas pelas lentes do capacitismo, as aulas de EF mostram uma prevalência de visões reducionistas sobre a habilidade e sua expressão. Alunos deficientes revelam há anos experiências de não conseguir participar da aula de EF (Alves; Grenier; Haegele; Duarte, 2018; Alves; Haegele; Duarte, 2018), com atividades baseadas na prática dos jogos coletivos tradicionais (Croston; Hills, 2017; Hay; Lisahunter, 2006; Haycock; Smith, 2011; Morley; Bailey; Tan; Cooke, 2005). A aula de EF, portanto, se revela um contexto impossível para o aluno com deficiência. Nesse sentido, como alunos com deficiência poderiam responder à performance e à expressão de habilidades motoras em modalidades esportivas tradicionais, não estruturadas para o seu corpo? Os questionamentos sobre a inclusão do aluno com deficiência e o currículo nas aulas de EF têm se colocado há anos entre os pesquisadores da área (Barton, 1993; Barton; Slee, 1999; Penney, 2002). Questões sobre o papel da EF na escola, seu conhecimento oficial, seu currículo e seus valores se revelam fundamentais diante da realidade de exclusão vivenciada na quadra pelo aluno com deficiência. Qual o conhecimento oficial que esse aluno deve aprender na aula de EF? Nesse cenário, Kirk (1992, p. 2, tradução nossa) defende que

> [...] o "conhecimento legítimo" não é fixo, mas está constantemente em processo, moldado por forças sociais, políticas e culturais, bem como educacionais; "conhecimento legítimo" também não é política nem culturalmente neutro, mas, pelo contrário, incorpora e comunica os interesses e valores das partes que têm um papel importante na construção do currículo escolar, um processo que injustamente desfavorece algumas categorias de alunos em relação a outras.

Assim, o foco nas modalidades esportivas tradicionais tem sido amplamente questionado e criticado, tanto por seus valores pautados na performance e na habilidade quanto por sua incoerência com a realidade corporal do aluno com deficiência (DePauw, 1997, 2000; Evans; Bright; Brown, 2015; Evans, 2004, 2014; Evans; Penney, 2008; Fitzgerald, 2005; Fitzgerald; Kirk, 2009; Hay; Lisahunter, 2006; Hay; MacDonald, 2010; Haycock; Smith, 2011).

Entretanto, não podemos nos esquecer de que essa mudança de panorama exige em primeiro lugar o reconhecimento da situação problemática presente nas aulas de EF. Desse modo, devemos nos questionar até que ponto a exclusão do aluno com deficiência é compreendida como um problema nas aulas de EF, seja na visão dos professores, seja na dos alunos sem deficiência. Estudantes que conseguem participar das aulas desejam mudanças para que todos possam participar, mesmo que o custo dessas mudanças seja transformar o que se entende por EF? Professores de EF desejariam deixar de trabalhar apenas com os alunos mais habilidosos para trabalhar com todos?

Para Evans (2014), o reconhecimento do Estado democrático nas aulas de EF perpassa por analisar a forma como esse componente curricular é tratado pelas políticas educacionais e pelos órgãos governamentais. A EF para todos os alunos não deve estar envolvida com a produção de corpos saudáveis e padronizados, com atletas de elite ou com o aumento da taxa de participação em esporte, produzindo consumidores facilmente exploráveis pela indústria do esporte e da atividade física. A EF democrática, a qual tem a "educação" como parte de seu nome, é libertadora e tem como objetivo formar indivíduos corporalmente letrados, socialmente críticos e reflexivos sobre os valores neoliberais que permeiam sua comunidade e capazes de tomar decisões para a escolha de uma vida ativa não reduzida a padrões corporais e metas únicas para todos.

Evans chama atenção para o papel crítico que pode e deve ser assumido por professores e alunos para a mudança do conhecimento e dos valores nas aulas de EF, os quais têm o poder da escolha entre a perpetuação e a renovação. Para o autor, a mudança exige organização, resistência e adaptação. Sem se esquecer de sua origem política e ideológica, abordagens curriculares pautadas na diferenciação entre os alunos com a formação de relações hierárquicas baseadas na habilidade têm ainda prevalecido nas aulas de EF, definindo e restringindo a definição de "bom aluno" na quadra.

O avanço no campo relativo à educação física inclusiva para o aluno deficiente tem perpassado pela renovação nos conceitos e valores da EF. Estudos centrados nesse aspecto afirmam o potencial de modalidades esportivas não tradicionais (Nyberg; Barker; Larsson, 2020), com foco em competências e habilidades não convencionais, para que ocorra essa mudança no que acreditamos ser a EF escolar. Os estudos realizados com esse propósito buscam investigar tanto o ensino de modalidades não tradicionais como conteúdo nas aulas de EF (Backman, 2011; Grenier; Collins; Wright; Kearns, 2014; Nyberg; Barker; Larsson, 2020) quanto possibilidades de mudanças no processo formativo de professores de

EF buscando valores para uma aula para todos (Barber, 2018). Nesse sentido, é importante frisar que a busca por mudanças no conhecimento e nos valores da aula de EF não se revela como uma necessidade apenas de alunos deficientes, mas também de outros grupos de alunos marginalizados das práticas adotadas em quadra, como, por exemplo, as meninas, os alunos fora do padrão corporal e os menos habilidosos (Croston; Hills, 2017). Questionar o currículo se traduz como questionar crenças e certezas na EF escolar.

Para Green (2008), a EF escolar deve ter um papel maior do que simplesmente o ensino de habilidades e conhecimentos necessários para a prática de esportes. A educação física deve incluir entre seus objetivos o ensino sobre a cultura do esporte. Entretanto, quando o aluno com deficiência adentra as aulas de EF, isso se traduz apenas na sua incorporação física em aulas já existentes, sem planejamento para seu envolvimento de uma forma genuinamente equitativa. Em consequência, adaptar as aulas convencionais de EF para simplesmente incorporar alunos com deficiência implica sua mera integração e não inclusão (Wilson; Theriot; Haegele, 2020). Professores tendem a ver o aluno com deficiência como um estranho na aula de EF, em face do currículo estabelecido e das suas práticas tradicionais. Essa visão de uma EF integrativa e não inclusiva, mediada pela adaptação das aulas e atividades, é compartilhada por alguns autores atualmente, os quais questionam o significado educacional dessas aulas para o aluno com deficiência (Fitzgerald, 2005; Fitzgerald; Kirk, 2009; Haegele, 2019; Wilson; Theriot; Haegele, 2020).

O discurso de inclusão que pauta tanto documentos e políticas educacionais quanto professores e profissionais na escola ainda não se revelou suficiente para gerar mudança na aula de EF, a qual continua predominantemente pautada em esportes coletivos tradicionais, com ênfase na competitividade e na performance. No geral, as experiências de pessoas com deficiência em relação à EF tendem a reforçar um senso de marginalização em vez de inclusão, enfatizando sua falta de determinados atributos e incapacidade de realizar habilidades específicas (Fitzgerald; Jobling, 2004, *apud* Green, 2008). A busca por uma resposta para a inclusão do aluno com deficiência tem caminhado na compreensão de um EF pautada em um currículo sociocultural, construído na comunidade e para a comunidade (Evans, 2014). Para Evans (2014), a comunidade tem o poder necessário para ressignificar a escola e suas práticas.

Referências

AASLAND, E.; WALSETH, K.; ENGELSRUD, G. The constitution of the "able" and "less able" student in Physical Education in Norway. *Sport, Education and Society*, v. 25, n. 5, p. 479-492, 2020.

AINSCOW, M. Developing inclusive education systems: what are the levers for change? *Journal of Educational Change*, v. 6, n. 2, p. 109-124, 2005.

AINSCOW, M.; SANDILL, A. Developing inclusive education systems: the role of organisational cultures and leadership. *International Journal of Inclusive Education*, v. 14, n. 4, p. 401-416, 2010.

ALVES, M. L. T.; DUARTE, E. Exclusion in Physical Education classes: factors associated with participation of students with disabilities. *Movimento*, v. 19, n. 1, p. 117-137, 2013.

ALVES, M. L. T.; DUARTE, E. A percepção dos alunos com deficiência sobre a sua inclusão nas aulas de Educação Física escolar: um estudo de caso. *Revista Brasileira de Educação Física e Esportes*, v. 28, n. 2, p. 329-338, 2014.

ALVES, M. L. T.; GRENIER, M.; HAEGELE, J. A.; DUARTE, E. "I didn't do anything, I just watched": perspectives of Brazilian students with physical disabilities toward Physical Education. *International Journal of Inclusive Education*, v. 24, n. 1, p. 1-14, 2018.

ALVES, M. L. T.; HAEGELE, J.; DUARTE, E. "We can't do anything": the experiences of students with visual impairments in Physical Education classes in Brazil. *British Journal of Visual Impairment*, v. 36, n. 2, p. 152-162, 2018.

APPLE, M. W. *Ideology and curriculum*. Nova York: Routledge, 2004.

ARTILES, A. J.; HARRIS-MURRI, N.; ROSTENBERG, D. Inclusion as social justice: critical notes on discourses, assumptions, and the road ahead. *Theory into Practice*, v. 45, n. 3, p. 260-268, 2006.

ATKINS, L. Dis(en)abled: legitimating discriminatory practice in the name of inclusion? *British Journal of Special Education*, v. 43, n. 1, p. 6-21, 2016.

BACKMAN, E. Friluftsliv: a contribution to equity and democracy in Swedish Physical Education? An analysis of codes in Swedish Physical Education curricula. *Journal of Curriculum Studies*, v. 43, n. 2, p. 269-288, 2011.

BARBER, W. Inclusive and accessible Physical Education: rethinking ability and disability in pre-service teacher education. *Sport, Education and Society*, v. 23, n. 6, p. 520-532, 2018.

BARTON, L. Disability, empowerment and Physical Education. *In*: EVANS, J. (ed.). *Equality, education and Physical Education*. Londres: Falmer Press, 1993.

BARTON, L.; SLEE, R. Competition, selection and inclusive education: some observations. *International Journal of Inclusive Education*, v. 3, n. 1, p. 3-12, 1999.

BIKLEN, D. Constructing inclusion: lessons from critical disability narratives. *International Journal of Inclusive Education*, v. 4, n. 4, p. 337-353, 2000.

BLOCK, M. E. *A teacher's guide to including students with disabilities in general Physical Education*. Baltimore: Paul H. Brookes Publishing Co., 2007.

BLOCK, M. E.; OBRUSNIKOVA, I. Inclusion in Physical Education: a review of the literature from 1995-2005. *Adapted Physical Activity Quarterly*, v. 24, n. 2, p. 103-124, 2007a.

BLOCK, M. E.; OBRUSNIKOVA, I. What is inclusion? *In*: BLOCK, M. E. (ed.). *A teacher's guide to including students with disabilities in general Physical Education*. Baltimore: Paul H. Brookes Publishing Co., 2007b.

BOOTH, T.; AINSCOW, M. *Index for inclusion*: developing learning and participation in schools. Bristol: Centre for Studies in Inclusive Education, 2002.

CAMPBELL, F. K. *Contours of ableism the production of disability and abledness*. Reino Unido: Palgrave Macmillan, 2009.

CASTELLANI FILHO, L. *Educação física no Brasil*: a história que não se conta. Campinas: Papirus, 1994.

CASTELLANI FILHO, L. et al. *Metodologia do ensino da educação física*. São Paulo: Cortez Editora, 2016.

CASTENELL, L. A.; PINAR, W. F. (eds.). *Understanding curriculum as racial text*: representations of identity and difference in education. Albany: State University of New York Press, 1993.

COATES, J.; VICKERMAN, P. Let the children have their say: children with special educational needs and their experiences of Physical Education – a review. *Support for Learning*, v. 23, n. 4, p. 168-175, 2008.

CROSTON, A.; HILLS, L. A. The challenges of widening "legitimate" understandings of ability within Physical Education. *Sport, Education and Society*, v. 22, n. 5, p. 618-634, 2017.

DEPAUW, K. The (In)Visibility of DisAbility: cultural contexts and "sporting bodies". *Quest*, v. 49, n. 4, p. 416-430, 1997.

DEPAUW, K. Social-cultural context of disability: implications for scientific inquiry and professional preparation. *Quest*, v. 52, n. 4, p. 358-368, 2000.

EREVELLES, N. Understanding curriculum as normalizing text: disability studies meet curriculum theory. *Journal of Curriculum Studies*, v. 37, n. 4, p. 421-439, 2005.

EVANS, A. B.; BRIGHT, J. L.; BROWN, J. Non-disabled secondary school children's lived experiences of a wheelchair basketball programme delivered in the East of England. *Sport, Education and Society*, v. 20, n. 6, p. 741-761, 2015.

EVANS, J. Making a difference? Education and "ability" in Physical Education. *European Physical Education Review*, v. 10, n. 1, p. 95-108, 2004.

EVANS, J. Neoliberalism and the future for a socio-educative Physical Education. *Physical Education and Sport Pedagogy*, v. 19, p. 545-558, 2014.

EVANS, J.; PENNEY, D. Levels on the playing field: the social construction of physical "ability" in the Physical Education curriculum. *Physical Education and Sport Pedagogy*, v. 13, n. 1, p. 31-47, 2008.

FIORINI, M. L. S.; MANZINI, E. J. Dificuldades e sucessos de professores de Educação Física em relação à inclusão escolar. *Revista Brasileira de Educação Especial*, v. 22, n. 1, p. 49-64, 2016.

FITZGERALD, H. Still feeling like a spare piece of luggage? Embodied experiences of (dis)ability in Physical Education and school sport. *Physical Education and Sport Pedagogy*, v. 10, n. 1, p. 41-59, 2005.

FITZGERALD, H.; KIRK, D. Physical Education as a normalizing practice: is there a space for disability sport? *In*: FITZGERALD, H. (ed.). *Disability and youth sport*. Londres: Routledge, 2009. p. 91-105.

GERDIN, G. *et al.* Social justice pedagogies in school health and Physical Education: building relationships, teaching for social cohesion and addressing social inequities. *International Journal of Environmental Research and Public Health*, v. 17, p. 1-17, 2020.

GOODLEY, D. *Dis/Ability studies*: theorising disablism and ableism. Londres: Routledge, 2014.

GORANSSON, K.; NILHOLM, C. Conceptual diversities and empirical shortcomings: a critical analysis of research on inclusive education. *European Journal of Special Needs Education*, v. 29, n. 3, p. 265-280, 2014.

GREEN, K. Physical Education teachers in their figurations: a sociological analysis of everyday "philosophies". *Sport, Education and Society*, v. 7, n. 1, p. 65-83, 2005.

GREEN, K. *Understanding Physical Education*. Londres: Sage Publications, 2008.

GRENIER, M.; COLLINS, K.; WRIGHT, S.; KEARNS, C. Perceptions of disability sports unit in general Physical Education. *Adapted Physical Activity Quarterly*, v. 31, p. 49-66, 2014.

HAEGELE, J. Inclusion illusion: questioning the inclusiveness of integrated Physical Education. *Quest*, v. 71, n. 3, 2019.

HAEGELE, J.; ZHU, X.; DAVIS, S. The meaning of Physical Education and sport among elite athletes with visual impairments. *European Physical Education Review*, v. 23, n. 4, p. 375-391, 2017.

HAEGELE, J. A.; SUTHERLAND, S. Perspectives of students with disabilities toward Physical Education: a qualitative inquiry review. *Quest*, v. 67, n. 3, p. 255-273, 2015.

HAY, P. J.; LISAHUNTER. "Please Mr Hay, what are my poss(abilities)?": legitimation of ability through Physical Education practices. *Sport, Education and Society*, v. 11, n. 3, p. 293-310, 2006.

HAY, P. J.; MacDONALD, D. Evidence for the social construction of ability in Physical Education. *Sport, Education and Society*, v. 15, n. 1, p. 1-18, 2010.

HAYCOCK, D.; SMITH, A. Still "more of the same for the more able?". Including young disabled people and pupils with special educational needs in extra-curricular Physical Education. *Sport, Education and Society*, v. 16, n. 4, p. 507-526, 2011.

KIRK, D. Physical Education, discourse and ideology: bringing the hidden curriculum into view. *Quest*, v. 44, p. 35-56, 1992.

KIRK, D. Physical culture, Physical Education and relational analysis. *Sport, Education and Society*, v. 4, n. 1, p. 63-73, 1999.

KIRK, D. The social construction of the body in Physical Education and sport. *In*: LAKER, A. (ed.). *The sociology of sport and Physical Education*. Londres: RoutledgeFalmer, 2002. p. 79-91.

KIRK, D.; TINNING, R. Introduction: Physical Education, curriculum and culture. *In*: KIRK, D.; TINNING, R. (ed.). *Physical Education, curriculum and culture*: critical issues in the contemporary crisis. Londres: Falmer Press, 1990. p. 1-21.

KLAVINA, A.; KUDLÁCEK, M. Physical Education for students with special education needs in Europe: findings of the Eusapa Project. *European Journal of Adapted Physical Activity*, v. 4, n. 2, p. 46-62, 2011.

KRUSE, S.; DEDERING, K. The idea of inclusion: conceptual and empirical diversities in Germany. *Improving Schools*, v. 21, n. 1, p. 19-31, 2017.

LAKER, A. Culture, education and sport. *In*: LAKER, A. (ed.). *The sociology of sport and Physical Education*. Londres: RoutledgeFalmer, 2002. p. 1-14.

MORLEY, D.; BAILEY, R.; TAN, J.; COOKE, B. Inclusive Physical Education: teacher's views of including pupils with special educational needs and/or disabilities in Physical Education. *European Physical Education Review*, v. 11, n. 1, p. 84-107, 2005.

NYBERG, G.; BARKER, D.; LARSSON, H. Exploring the educational landscape of juggling: challenging notions of ability in Physical Education. *Physical Education and Sport Pedagogy*, v. 25, n. 2, p. 201-212, 2020.

OLIVER, M. *Understanding disability*: from theory to practice. Nova York: Macmillan International Higher Education, 1996.

PANAGIOTOU, A. K. *et al.* Attitudes of 5th and 6th grade Greeks students toward the inclusion of children with disabilities in Physical Education classes after a paralympic education program. *European Journal of Adapted Physical Activity*, v. 1, n. 2, p. 31-43, 2008.

PARSONS, I.; MILLS, N. *Crippies, coons, fags and fems*: a look at how four human rights movements have fought prejudice. Geelong: Villamata Legal Service, 1999.

PENNEY, D. Equality, equity and inclusion in Physical Education and school sport. *In*: LAKER, A. (ed.). *The sociology of sport and Physical Education*. Londres: RoutledgeFalmer, 2002. p. 110-128.

POCOK, T.; MIYAHARA, M. Inclusion of students with disability in Physical Education: a qualitative meta-analysis. *International Journal of Inclusive Education*, v. 22, n. 7, p. 751-766, 2018.

QVORTRUP, A.; QVORTRUP, L. Inclusion: dimensions of inclusion in education. *International Journal of Inclusive Education*, v. 22, n. 7, p. 803-817, 2018.

REKAA, H.; HANISCH, H.; YTTERHUS, B. Inclusion in Physical Education: teacher attitudes and students experiences. A systematic review. *International Journal of Disability Development and Education*, v. 66, n. 1, p. 1-20, 2018.

SAVIANI, D. *Escola e democracia*. Campinas: Autores Associados, 2008.

SLEE, R. How do we make inclusive education happen when exclusion is a political predisposition? *International Journal of Inclusive Education*, v. 26, n. 2, p. 1-12, 2012.

SOARES, C. L. *Educação física*: raízes europeias e Brasil. Campinas: Autores Associados, 2012.

SYKES, H. The qBody Project: from lesbians in Physical Education to queer bodies in/out of school. *Journal of Lesbian Studies*, v. 13, n. 3, p. 238-254, 2009.

TANT, M.; WATELAIN, E. Forty years later, a systematic literature review on inclusion in Physical Education (1975-2015): a teacher perspective. *Educational Research Review*, v. 19, p. 1-17, 2016.

THOMAS, C. How disability is understood? An examination of sociological approaches. *Disability & Society*, v. 19, n. 6, p. 569-583, 2004.

TOJAL, J. *Epistemologia da educação física*. Lisboa: Instituto Piaget, 2010.

UN. *Convention on the Rights of Persons with Disabilities*. Resolution adopted by the General Assembly. UN General Assembly, 2007.

WILHELMSEN, T.; SORENSEN, M. Inclusion of children with disabilities in Physical Education: a systematic review of literature from 2009 to 2015. *Adapted Physical Activity Quarterly*, v. 34, n. 3, p. 311-337, 2017.

WILSON, W. J.; THERIOT, E. A.; HAEGELE, J. Attempting inclusive practice: perspectives of physical educators and adapted physical educators. *Curriculum Studies in Health and Physical Education*, v. 11, n. 1, p. 1-17, 2020.

WRIGHT, J.; BURROWS, L. Re-conceiving ability in Physical Education: a social analysis. *Sport, Education and Society*, v. 11, n. 3, p. 275-291, 2006.

5
O JOGO E A CRIANÇA COM DEFICIÊNCIA NA EDUCAÇÃO FÍSICA ESCOLAR

A educação é um direito básico do ser humano (UN, 1948, 1989, 2007). Com a educação inclusiva, o direito à educação de qualidade para *todos* os alunos parece ter sido finalmente reconhecido (Unesco, 2000, 2020). No *todos*, temos o reconhecimento da diversidade de identidade que nos permeia e nos constitui como sociedade. No entanto, no cotidiano escolar a educação tem sido vivida como um privilégio. A garantia de uma educação inclusiva nas escolas ainda se revela um desafio, no qual o seu entendimento ainda é controverso (Goransson; Nilholm, 2014).

A educação da criança deficiente permanece permeada por questionamentos quanto a aspectos como local, acesso, currículo, estratégias de ensino, formação profissional, entre outros. A educação desses alunos nas escolas regulares juntamente com seus pares ainda não é consenso em diversos países (Goransson; Nilholm, 2014). Em contrapartida, os pesquisadores da área chamam atenção para a inclusão do aluno deficiente nas escolas regulares ainda pelo viés da sua presença física e distante de uma educação de qualidade (DeLuca, 2013; Qvortrup; Qvortrup, 2018). Na escola regular, a educação inclusiva tem se apresentado por meio das tensões entre o seu entendimento como o oferecimento das *mesmas oportunidades para todos* e das *melhores oportunidades para cada um* (Moore; Slee, 2020). Nesse sentido, responder à diversidade, ainda vista como exceção e não a regra, se coloca como ponto central para uma educação inclusiva de sucesso.

A educação inclusiva busca o desenvolvimento completo do aluno com a sua participação social ativa mediante o atendimento das suas necessidades educacionais (Tant; Watelain, 2016). Nesse contexto, a inclusão não se refere à simples colocação do aluno com deficiência na escola, mas à remoção de barreiras à aprendizagem vivenciadas por todos os alunos durante o processo de aprendizagem (Booth; Ainscow, 2002). Portanto, a educação inclusiva compreende a deficiência como resultado da interação da pessoa com incapacidade com as barreiras atitudinais e do ambiente (Rekaa; Hanisch; Ytterhus, 2018).

Historicamente as aulas de EF no Brasil têm suas práticas estruturadas na eficiência motora, construídas com base em valores relativos ao corpo saudável e hábil (Castellani Filho, 1994). A despeito das mudanças de perspectivas em relação a esse conteúdo curricular ao longo dos anos (Betti; Zuliani, 2002), suas práticas se constituíram fundamentalmente por meio de valores relacionados à performance motora com base na prática esportiva. Mesmo com a mudança de paradigma a partir da década de 1980, com a perspectiva da cultura corporal de movimento (Tojal, 2010), a prática pedagógica na aula de EF ainda é marcada pela eficiência da habilidade motora, sendo que o esporte desempenha um papel fundamental no currículo (Fiorini; Manzini, 2016).

Apesar de a inclusão não se restringir apenas ao aluno com deficiência, a presença desse estudante representa o maior desafio para os professores de EF. A EF na escola ainda se revela como um conteúdo avesso a esse aluno, traduzindo-se em um espaço sem significado ou associado a experiências negativas (Alves; Haegele; Duarte, 2018; Bredahl, 2013; Haegele; Zhu; Davis, 2017). Nesse contexto, a inclusão na aula de EF envolve não apenas uma busca pela adaptação ideal, mas uma reconstrução e uma mudança cultural sobre o que acreditamos ser EF.

No campo curricular e pedagógico da aula de EF, as dificuldades mencionadas relacionam-se profundamente à cultura da EF, construída sobre os valores da habilidade motora com base nos esportes tradicionais (Barton, 1993; Brittain, 2004a, 2004b; DePauw, 1997, 2000). A inclusão se mostra como a busca para que alunos com deficiência consigam responder a essa demanda motora, apesar das suas dificuldades e incapacidades. O conceito central utilizado por esses professores de EF é o de adaptação, o qual permitirá que tais alunos executem determinada tarefa ou participem igualitariamente com seus colegas de atividades e jogos propostos. No entanto, isso raramente acontece. Alunos com deficiência não se sentem incluídos nas aulas de EF, com adaptações que muitas vezes expõem suas incapacidades, limitam sua participação e seu envolvimento com o grupo (Alves; Grenier; Haegele; Duarte, 2018; Alves; Haegele; Duarte, 2018; Alves; Souza; Grenier; Lieberman, 2021).

Um estudo de revisão realizado por Tant e Watelain (2016) revela dificuldades de professores de EF em promover a inclusão em virtude das características desse componente curricular, centrado ainda em atividades coletivas competitivas. Para os professores de EF, a inclusão de alunos com deficiência em suas aulas seria facilitada por práticas de atividades individuais, sem foco na comparação de performance motora entre os alunos. A presença de alunos com deficiência nas escolas não provocou mudanças nos conteúdos curriculares propostos, que continuam ainda centrados nos esportes coletivos, na competitividade e na performance de habilidades motoras (Morley; Bailey; Tan; Cooke, 2005).

Publicado recentemente, outro estudo evidencia as dificuldades de participação do aluno com deficiência diante de currículos e práticas presentes nas aulas de EF (Alves; Grenier; Haegele; Duarte, 2018). Nesse cenário, jogos e esportes coletivos figuram como conteúdo de maior dificuldade para o envolvimento de alunos com deficiência. Com aulas fundamentadas ainda em esportes coletivos convencionais – como basquetebol, handebol, vôlei e futebol –, esses alunos não conseguem responder às demandas do jogo, sendo excluídos pelos colegas de classe (Alves; Grenier; Haegele; Duarte, 2018). Um estudo revela que alunos sem deficiência aceitam a presença do aluno com deficiência nas aulas com sua participação nas atividades, desde que não seja em disputas de jogos em que essa presença possa prejudicar o time (Panagiotou *et al.*, 2008).

Nesse sentido, os obstáculos à inclusão nas aulas de EF têm se revelado como reflexo do embate permanente entre a cultura da eficiência motora construída na aula de EF e a deficiência, socialmente reconhecida como incapacidade. A inclusão do aluno com deficiência nas aulas de educação física escolar gera em nós, professores de educação física, muitas dúvidas todos os dias. Essas dúvidas começam com "o que eu faço com ele?" e caminham até o fim da aula com "será que eu fiz certo?". Infelizmente, esse caminho não tem respostas certas ou prontas. Nele, o desafio fica ainda maior quando os princípios da transformação da comunidade escolar e da própria escola, proclamados desde o início do movimento inclusivo (Unesco, 2020), são esquecidos. A educação física, como parte do cotidiano escolar, não deve ficar fora dessa transformação.

Nesse cenário, nos propomos neste capítulo a refletir sobre o jogo como componente curricular das aulas de educação física e a sua transformação em conteúdo e prática inclusiva para todos os alunos. As reflexões aqui apresentadas se baseiam ems conceitos e discussões do campo dos estudos da deficiência (*disability studies*), pautado pelo entendimento da deficiência com base no modelo social, o qual defende a deficiência como uma opressão social em resposta a uma deficiência física, sensorial ou intelectual (Barnes, 2020; Thomas; Corker, 2002; Watson; Vehmas, 2020). Assim, a inclusão é defendida como uma justiça social, com o reconhecimento dos direitos e da cidadania do deficiente (Thomas, 2004).

Desde já, pedimos licença também para apresentar a temática nos valendo de pequenos exemplos e nuances da nossa realidade brasileira. Nesse ponto, o jogo a ser apresentado aqui não deve ser confundido com o esporte ou a prática de determinada modalidade esportiva por recreação. Nos reportamos ao jogo tendo em consideração a sua origem do latim, "*jocus*", em referência à brincadeira e ao divertimento.

O jogo, como uma categoria absolutamente primária da nossa existência como ser humano, é apresentado e introduzido na vida do indivíduo já em seus primeiros anos de vida. Conforme apresentado por Huizinga, o jogo é uma atividade diferente da vida cotidiana. É voluntário, estruturado dentro de certos limites de tempo e espaço, com regras livres, obrigatórias e de comum acordo entre os jogadores. Na sua essência, o jogo em si não tem explicação. Não há necessidade de explicar o jogo, o qual é rodeado pela tensão e pela alegria. A sua finalidade está em si mesmo (Huizinga, 2008).

É esse o jogo sobre o qual nos debruçaremos aqui. O jogo da infância, das brincadeiras com irmãos e primos e que depois nos é formalmente apresentado no tempo das aulas de educação física na escola. Lá, o jogo ganha força com toda a classe participando. Ganha também um juiz, o professor de educação física, e, finalmente, ganha a frustração do fim da aula na melhor parte do jogo.

Como objetivo de letramento físico, o jogo compõe um dos conteúdos curriculares das aulas de educação física (Kirk, 1999). No Brasil, o jogo é reconhecido nas aulas dessa disciplina como integrante da nossa cultura corporal (Castellani Filho *et al.*, 2016), e assim como forma de expressão em sociedade. Portanto, o jogo é apresentado aos estudantes desde o início de seu processo de escolarização, em aulas nas quais a sua vivência é o elemento central: é jogando que o aluno aprende sobre o jogo.

Nesse cenário, cabe a reflexão sobre a inclusão do aluno com deficiência no jogo na escola. Acredito que o primeiro questionamento esteja centrado neste aspecto: o aluno com deficiência deve aprender o jogo? Esse questionamento vem à tona para muitos professores de educação física diante das capacidades e possibilidades do aluno com deficiência em relação às demandas e habilidades esperadas do jogo. De forma geral, os jogos exigem habilidades motoras, como, por exemplo, correr, lançar, agarrar e saltar, e o aluno com deficiência muitas vezes tem dificuldade em responder a essas demandas da mesma forma que os alunos sem deficiência.

Entretanto, como parte de seu processo educacional, o jogo compõe os objetivos de aprendizagem para o aluno com deficiência, assim como para o aluno sem deficiência. O jogo como elemento básico na infância compõe também a cultura corporal do aluno com deficiência. Nesse ponto, o jogo como parte da cultura corporal nos remete ao questionamento: a cultura do jogo seria diferente para o deficiente? Assumir a cultura corporal do jogo como diferente para a criança com deficiência seria assumir que a cultura da infância é diferente em face da deficiência. É afirmar a diferença pela deficiência desde a infância. Assim, seria de esperar uma cultura do jogo da pessoa deficiente, com jogos estruturados não somente *para* o deficiente, mas *por* ele, como se vê no esporte paraolímpico.

Talvez, e que nos mantenhamos neste momento somente no campo do *talvez*, a ausência dessa cultura corporal do jogo deficiente seja retrato do capacitismo que nos permeia e impede a organização do deficiente como coletivo (Campbell, 2009), desde a infância. Nesse sentido, é importante esclarecer que, apesar da ausência de especificidade conceitual quanto ao termo "capacitismo", este é descrito pelos diferentes autores como a desvalorização e a diferenciação da deficiência por meio da valorização da capacidade física equiparada à normalidade (Campbell, 2009; Goodley, 2014). Dessa maneira, o capacitismo se refere ao estabelecimento do corpo capaz como norma na sociedade, e em contrapartida à demarcação do corpo deficiente como fora da norma. Na perspectiva do capacitismo, a deficiência, independentemente de seu tipo e grau, é compreendida como algo inerentemente negativo, o qual deve ser curado, melhorado ou até eliminado.

Campbell (2009) ressalta que o capacitismo utiliza duas estratégias: 1) o distanciamento das pessoas com deficiência umas das outras (dispersão), sem aceitação de um senso de identidade de grupo entre elas; e 2) a internalização pelas pessoas com deficiência de normas e crenças do capacitismo. Nesse sentido, pessoas com deficiência buscam mostrar que são capazes apesar da sua deficiência e não pela sua deficiência.

No terreno escolar, a cultura corporal do jogo se mantém e se reproduz nas escolas e aulas de Educação Física mediante a afirmação de habilidades motoras do corpo não deficiente. Nesse cenário, o primeiro passo para o caminho do jogo como instrumento para uma educação inclusiva seria a reflexão sobre esse ponto e o início de mudanças para uma cultura do jogo deficiente. Na condição de professores de Educação Física, devemos nos questionar: Qual o jogo da criança que usa cadeira de rodas? Qual o jogo das crianças cegas? E, no auge de nossas dúvidas, por que elas não podem brincar e jogar juntas entre si?

Nesse momento de dúvidas, salientamos apenas que esse questionamento se refere ao direito de essas crianças estarem em grupo e à reflexão sobre a nossa estranheza ao nos deparar com esse direito. O desejo de estarem no jogo e na aula de Educação Física entre si já foi manifestado pelos alunos deficientes e apontado por pesquisadores (Alves; Souza; Grenier; Lieberman, 2021). Entretanto, tal questionamento não se coloca como uma afirmação a favor da educação segregada para o aluno deficiente. Essas são apenas reflexões necessárias a favor de uma educação efetivamente inclusiva, pautada no reconhecimento da identidade do aluno deficiente e na busca pela transformação educacional necessária (Haegele; Maher, 2023).

Como um segundo passo para a transformação do jogo como instrumento para uma educação inclusiva, ressaltamos a mudança necessária na forma de olhar a habilidade motora durante o jogo. Nesse sentido, durante a aprendizagem do jogo pelo jogo, crianças e jovens são incentivados a correr, saltar e lançar "do jeito certo". Devemos nos perguntar se todos devem fazer exatamente a mesma coisa do mesmo jeito.

De acordo com Rodrigues (2001), as aulas de educação física têm em sua natureza maior facilidade para a inclusão do aluno com deficiência ao apresentar flexibilidade de seus conteúdos e atividades. Na prática cotidiana da aula de educação física, isso se traduz na possibilidade de escolha entre diferentes jogos de acordo com os objetivos educacionais e as caraterísticas do grupo de alunos. Essa flexibilidade na escolha e na definição das práticas vai ao encontro de um dos pilares da educação inclusiva, a educação centrada no aluno (Brasil, 1994).

Na prática cotidiana, essa flexibilidade se coloca com diferentes possibilidades organizacionais na aula. Partindo de um objetivo de aprendizagem amplo, o professor pode oferecer diferentes jogos com diferentes demandas de habilidades em uma mesma aula. Dessa forma, os alunos podem ser organizados em pequenos grupos, de acordo com o interesse em cada jogo. A princípio, esse tipo de organização choca grande parte dos professores com crenças sobre inclusão pautadas no oferecimento das *mesmas oportunidades* para todos os alunos. No entanto, quando pensamos na equidade de oportunidades, o oferecimento de diferentes jogos busca responder com as *melhores oportunidades* de aprendizagem para cada aluno. Nesse contexto, o rodízio dos alunos nos diferentes jogos também se mantém como possibilidade para todos os alunos.

Em contrapartida, o professor pode oferecer um único jogo como objetivo central da aula, com exigência de distintos níveis de habilidade para a sua realização. Nessa abordagem, o professor introduz variados materiais ou regras, que podem ser contemplados apenas com o envolvimento de todos.

De maneira prática, essa estratégia se traduz, por exemplo, na brincadeira de pega-pega, com a participação de múltiplos pegadores, cada qual com sua característica para pegar os colegas.

Em jogos com bola, o professor pode introduzir mais de uma bola, com pesos, tamanhos e velocidades diferentes. Assim, em um mesmo jogo são exigidos variados níveis de habilidade motora. Nesse sentido, o aluno consegue participar do jogo empregando o material mais adequado (escolhido por ele no momento do jogo) ao seu nível de habilidade para a atividade. Ao mesmo tempo, outros materiais estarão disponíveis para ele durante o jogo, a fim de que durante a sua aprendizagem evolua para a especificidade da habilidade e o desempenho esperado ao fim pelo professor.

Com diferentes materiais em um mesmo jogo, é esperado que este se torne mais dinâmico. O ideal é que todos os alunos se sintam desafiados com as diferentes exigências de habilidades no mesmo jogo.

Em contrapartida, o professor pode dividir seu espaço de aula para o desenvolvimento do jogo tradicional sem modificações e, em outro espaço na quadra, o desenvolvimento do jogo com diferentes estímulos. Salientamos que manter o jogo tradicional entre as possibilidades dos alunos é essencial para o oferecimento de uma educação de qualidade e significativa para todos. As escolhas organizacionais dependem do objetivo da aula e do grupo de alunos.

Essas estratégias apresentadas aqui têm como ponto principal a descentralização do foco da aula em um único aspecto, como o objetivo de um único jogo, ou o alvo ou uma única bola. Essa estratégia permite a ampliação das habilidades e dos desempenhos motores esperados em aula, abrangendo a diversidade dos alunos. Nesse contexto, não apenas o aluno com deficiência é beneficiado, mas todos os alunos. Ao mesmo tempo, com o envolvimento de todos os alunos em diferentes objetivos, a atenção do aluno sobre o desempenho e a habilidade de seu colega é limitada, o que possivelmente restringirá reações de *bullying* diante da impossibilidade do aluno deficiente no desempenho idealizado de determinada habilidade motora no jogo. Todos se sentem envolvidos sem constrangimento quanto ao seu desempenho.

No caminho das adaptações metodológicas, as possibilidades para a promoção da participação do aluno deficiente no jogo são inúmeras (Alves; Fiorini, 2018). O encontro da adaptação ideal é um processo constante, no qual a participação do aluno deficiente é fundamental (Alves; Souza; Grenier; Lieberman, 2021; Petrie; Devcich; Fitzgerald, 2018). A educação inclusiva deve ser reconhecida como um processo, e não uma resposta pontual. Dessa maneira, a busca por soluções para incluir o aluno com deficiência na escola ainda exige a realização de muitos estudos na área. Incluir na escola ultrapassa barreiras estruturais, envolvendo atitudes e crenças sociais profundas presentes na escola sobre como encaramos a deficiência (Moore; Slee, 2020; Reeves; Ng; Harris; Phelan, 2020). No entanto, é importante a compreensão das especificidades do contexto das aulas de EF para que soluções estudadas possam ser realmente efetivas.

Referências

AASLAND, E.; WALSETH, K.; ENGELSRUD, G. The constitution of the "able" and "less able" student in Physical Education in Norway. *Sport, Education and Society*, v. 25, n. 5, p. 479-492, 2020.

AINSCOW, M. Developing inclusive education systems: what are the levers for change? *Journal of Educational Change*, v. 6, n. 2, p. 109-124, 2005.

AINSCOW, M.; SANDILL, A. Developing inclusive education systems: the role of organisational cultures and leadership. *International Journal of Inclusive Education*, v. 14, n. 4, p. 401-416, 2010.

ALVES, M. L. T.; DUARTE, E. Exclusion in Physical Education classes: factors associated with participation of students with disabilities. *Movimento*, v. 19, n. 1, p. 117-137, 2013.

ALVES, M. L. T.; DUARTE, E. A percepção dos alunos com deficiência sobre a sua inclusão nas aulas de educação física escolar: um estudo de caso. *Revista Brasileira de Educação Física e Esportes*, v. 28, n. 2, p. 329-338, 2014.

ALVES, M. L. T.; FIORINI, M. L. S. Como promover a inclusão nas aulas de educação física? A adaptação como caminho. *Revista Brasileira de Atividade Motora Adaptada*, v. 19, n. 1, p. 3-16, 2018.

ALVES, M. L. T.; GRENIER, M.; HAEGELE, J. A.; DUARTE, E. "I didn't do anything, I just watched": perspectives of Brazilian students with physical disabilities toward Physical Education. *International Journal of Inclusive Education*, v. 24, n. 1, p. 1-14, 2018.

ALVES, M. L. T.; HAEGELE, J.; DUARTE, E. "We can't do anything": the experiences of students with visual impairments in Physical Education classes in Brazil. *British Journal of Visual Impairment*, v. 36, p. 152-162, 2018.

ALVES, M. L. T.; SOUZA, J. V.; GRENIER, M.; LIEBERMAN, L. J. The invisible student in Physical Education classes: voices from deaf and hard of hearing students on inclusion. *International Journal of Inclusive Education*, v. 28, n. 3, p. 231-246, 2021.

APPLE, M. W. *Ideology and curriculum*. 3. ed. Nova York: Routledge, 2004.

ARTILES, A. J.; HARRIS-MURRI, N.; ROSTENBERG, D. Inclusion as social justice: critical notes on discourses, assumptions, and the road ahead. *Theory into Practice*, v. 3, n. 45, p. 260-268, 2006.

ATKINS, L. Dis(en)abled: legitimating discriminatory practice in the name of inclusion? *British Journal of Special Education*, v. 43, n. 1, p. 6-21, 2016.

BACKMAN, E. Friluftsliv: a contribution to equity and democracy in Swedish Physical Education? An analysis of codes in Swedish Physical Education curricula. *Journal of Curriculum Studies*, v. 43, n. 2, p. 269-288, 2011.

BARBER, W. Inclusive and accessible Physical Education: rethinking ability and disability in pre-service teacher education. *Sport, Education and Society*, v. 23, n. 6, p. 520-532, 2018.

BARNES, C. Understanding the social model of disability: past, present and future. *In*: WATSON, N.; VEHMAS, S. (ed.). *Routledge handbook of disability studies*. 2. ed. Londres: Routledge, 2020. p. 14-31.

BARTON, L. Disability, empowerment and Physical Education. *In*: EVANS, J. (ed.). *Equality, education and Physical Education*. Londres: Falmer Press, 1993.

BARTON, L.; SLEE, R. Competition, selection and inclusive education: some observations. *International Journal of Inclusive Education*, v. 3, n. 1, p. 3-12, 1999.

BETTI, M.; ZULIANI, L. R. Educação Física escolar: uma proposta de diretrizes pedagógicas. *Revista Mackenzie de Educação Física e Esportes*, v. 1, n. 1, p. 73-81, 2002.

BIKLEN, D. Constructing inclusion: lessons from critical disability narratives. *International Journal of Inclusive Education*, v. 4, n. 4, p. 337-353, 2000.

BLOCK, M. E. *A teacher's guide to including students with disabilities in general Physical Education*. Baltimore: Paul H. Brookes Publishing Co., 2007.

BLOCK, M. E.; OBRUSNIKOVA, I. Inclusion in Physical Education: a review of the literature from 1995-2005. *Adapted Physical Activity Quarterly*, v. 24, n. 2, p. 103-124, abr. 2007a.

BLOCK, M. E.; OBRUSNIKOVA, I. What is inclusion? *In*: BLOCK, M. E. (ed.). *A teacher's guide to including students with disabilities in general Physical Education*. 3. ed. Baltimore: Paul H. Brookes Publishing Co., 2007b.

BOOTH, T.; AINSCOW, M. *Index for inclusion*: developing learning and participation in schools. Bristol: Centre for Studies in Inclusive Education, 2002.

BRASIL. *Declaração de Salamanca e Linha de Ação sobre Necessidades Educativas Especiais*. Brasília: Coordenadoria Nacional para Integração da Pessoa Portadora de Deficiência, 1994.

BREDAHL, A. M. Sitting and watching the others being active: the experienced difficulties in PE when having a disability. *Adapted Physical Activity Quarterly*, v. 30, n. 1, p. 40-58, jan. 2013.

BRITTAIN, I. Perceptions of disability and their impact upon involvement in sport for people with disabilities at all levels. *Journal of Sport & Social Issues*, v. 28, n. 4, p. 429-452, nov. 2004a.

BRITTAIN, I. The role of schools in constructing self-perceptions of sport and Physical Education in relation to people with disabilities. *Sport, Education and Society*, v. 9, n. 1, p. 75-94, 2004b.

CAMPBELL, F. K. Contours of ableism the production of disability and abledness. Reino Unido: Palgrave Macmillan, 2009.

CASTELLANI FILHO, L. *Educação física no Brasil:* a história que não se conta. Campinas: Papirus, 1994.

CASTELLANI FILHO, L. et al. *Metodologia do ensino da educação física*. São Paulo: Cortez Editora, 2016.

COATES, J.; VICKERMAN, P. Let the children have their say: children with special educational needs and their experiences of Physical Education – a review. *Support for Learning*, v. 23, n. 4, p. 168-175, 2008.

CROSTON, A.; HILLS, L. A. The challenges of widening "legitimate" understandings of ability within Physical Education. *Sport, Education and Society*, v. 22, n. 5, p. 618-634, 2017.

DELUCA, C. Toward an interdisciplinary framework for educational inclusivity. *Canadian Journal for Education*, v. 36, n. 1, p. 305-348, 2013.

DEPAUW, K. The (In)Visibility of DisAbility: cultural contexts and "sporting bodies". *Quest*, v. 49, n. 4, p. 416-430, 1997.

DEPAUW, K. Social-cultural context of disability: implications for scientific inquiry and professional preparation. *Quest*, v. 52, n. 4, p. 358-368, 2000.

EREVELLES, N. Understanding curriculum as normalizing text: disability studies meet curriculum theory. *Journal of Curriculum Studies*, v. 37, n. 4, p. 421-439, 2005.

EVANS, A. B.; BRIGHT, J. L.; BROWN, J. Non-disabled secondary school children's lived experiences of a wheelchair basketball programme delivered in the East of England. *Sport, Education and Society*, v. 20, n. 6, p. 741-761, 2015.

EVANS, J. Making a difference? Education and "ability" in Physical Education. *European Physical Education Review*, v. 10, n. 1, p. 95-108, 2004.

EVANS, J. Neoliberalism and the future for a socio-educative Physical Education. *Physical Education and Sport Pedagogy*, v. 5, n. 19, p. 545-558, 2014.

EVANS, J.; PENNEY, D. Levels on the playing field: the social construction of physical "ability" in the Physical Education curriculum. *Physical Education and Sport Pedagogy*, v. 13, n. 1, p. 31-47, 2008.

FIORINI, M. L. S.; MANZINI, E. J. Dificuldades e sucessos de professores de Educação Física em relação à inclusão escolar. *Revista Brasileira de Educação Especial*, v. 22, n. 1, p. 49-64, 2016.

FITZGERALD, H. Still feeling like a spare piece of luggage? Embodied experiences of (dis)ability in Physical Education and school sport. *Physical Education and Sport Pedagogy*, v. 10, n. 1, p. 41-59, 2005.

FITZGERALD, H.; KIRK, D. Physical Education as a normalizing practice: is there a space for disability sport? In: FITZGERALD, H. (ed.). *Disability and youth sport*. Londres: Routledge, 2009. p. 91-105.

GARLAND-THOMSON, R. Integrating disability, transforming feminist theory. In: HALL, K. Q. (ed.). *Feminist disability studies*. Indiana: Indiana University Press, 2011. p. 1-32.

GERDIN, G. et al. Social justice pedagogies in school health and Physical Education – building relationships, teaching for social cohesion and addressing social inequities. *International Journal of Environmental Research and Public Health*, v. 17, p. 1-17, 2020.

GOODLEY, D. *Dis/Ability studies:* theorising disablism and ableism. Londres: Routledge, 2014.

GORANSSON, K.; NILHOLM, C. Conceptual diversities and empirical shortcomings: a critical analysis of research on inclusive education. *European Journal of Special Needs Education*, v. 29, n. 3, p. 265-280, 2014.

GREEN, K. Physical Education teachers in their figurations: a sociological analysis of everyday "philosophies". *Sport, Education and Society*, v. 7, n. 1, p. 65-83, 2005.

GREEN, K. *Understanding Physical Education*. Londres: Sage Publications, 2008.

GRENIER, M.; COLLINS, K.; WRIGHT, S.; KEARNS, C. Perceptions of a disability sport unit in general Physical Education. *Adapted Physical Activity Quarterly*, v. 31, n. 1, p. 49-66, 2014.

HAEGELE, J. Inclusion illusion: questioning the inclusiveness of integrated Physical Education. *Quest*, v. 71, n. 3, 2019.

HAEGELE, J.; ZHU, X.; DAVIS, S. The meaning of Physical Education and sport among elite athletes with visual impairments. *European Physical Education Review*, v. 23, n. 4, p. 375-391, 2017.

HAEGELE, J. A.; MAHER, A. J. Toward a conceptual understanding of inclusion as intersubjective experiences. *Educational Researcher*, v. 52, n. 6, p. 385-393, 2023.

HAEGELE, J. A.; SUTHERLAND, S. Perspectives of students with disabilities toward Physical Education: a qualitative inquiry review. *Quest*, v. 67, n. 3, p. 255-273, 2015.

HAY, P. J.; LISAHUNTER. "Please Mr Hay, what are my poss(abilities)?": legitimation of ability through Physical Education practices. *Sport, Education and Society*, v. 11, n. 3, p. 293-310, 2006.

HAY, P. J.; MACDONALD, D. Evidence for the social construction of ability in Physical Education. *Sport, Education and Society*, v. 15, n. 1, p. 1-18, 2010.

HAYCOCK, D.; SMITH, A. Still "more of the same for the more able?". Including young disabled people and pupils with special educational needs in extra-curricular Physical Education. *Sport, Education and Society*, v. 16, n. 4, p. 507-526, 2011.

HUIZINGA, J. *Homo ludens*: o jogo como elemento na cultura. São Paulo: Perspectiva, 2008 [1938].

KIRK, D. Physical Education, discourse and ideology: bringing the hidden curriculum into view. *Quest*, v. 44, n. 1, p. 35-56, 1992.

KIRK, D. Physical culture, Physical Education and relational analysis. *Sport, Education and Society*, v. 4, n. 1, p. 63-73, 1999.

KIRK, D. The social construction of the body in Physical Education and sport. *In*: LAKER, A. (ed.). *The sociology of sport and Physical Education*. Londres: RoutledgeFalmer, 2002. p. 79-91.

KIRK, D.; TINNING, R. Introduction: Physical Education, curriculum and culture. *In*: KIRK, D.; TINNING, R. (ed.). *Physical Education, curriculum and culture*: critical issues in the contemporary crisis. Londres: Falmer Press, 1990. p. 1-21.

KLAVINA, A.; KUDLÁCEK, M. Physical Education for students with special education needs in Europe: findings of the Eusapa Project. *European Journal of Adapted Physical Activity*, v. 4, n. 2, p. 46-62, 2011.

KRUSE, S.; DEDERING, K. The idea of inclusion: conceptual and empirical diversities in Germany. *Improving Schools*, v. 21, n. 1, p. 19-31, 2017.

LAKER, A. Culture, education and sport. *In*: LAKER, A. (ed.). *The sociology of sport and Physical Education*. Londres: RoutledgeFalmer, 2002. p. 1-14.

MOORE, M.; SLEE, R. Disability studies, inclusive education and exclusion. *In*: WATSON, N.; VEHMAS, S. (ed.). *Routledge handbook of disability studies*. 2. ed. Londres: Routledge, 2020. p. 265-280.

MORLEY, D.; BAILEY, R.; TAN, J.; COOKE, B. Inclusive Physical Education: teacher's views of including pupils with special educational needs and/or disabilities in Physical Education. *European Physical Education Review*, v. 11, n. 1, p. 84-107, 2005.

NYBERG, G.; BARKER, D.; LARSSON, H. Exploring the educational landscape of juggling: challenging notions of ability in Physical Education. *Physical Education and Sport Pedagogy*, v. 25, n. 2, p. 201-212, 2020.

OLIVER, M. *Understanding disability*: from theory to practice. Nova York: Macmillan International Higher Education, 1996.

PANAGIOTOU, A. K. *et al.* Attitudes of 5th and 6th grade Greeks students toward the inclusion of children with disabilities in Physical Education classes after a paralympic education program. *European Journal of Adapted Physical Activity*, v. 1, n. 2, p. 31-43, 2008.

PARSONS, I.; MILLS, N. *Crippies, coons, fags and fems*: a look at how four human rights movements have fought prejudice. Geelong: Villamata Legal Service, 1999.

PENNEY, D. Equality, equity and inclusion in Physical Education and school sport. *In*: LAKER, A. (ed.). *The sociology of sport and Physical Education*. Londres: RoutledgeFalmer, 2002. p. 110-128.

PETRIE, K.; DEVCICH, J.; FITZGERALD, H. Working towards inclusive Physical Education in a primary school: "some days I just don't get it right". *Physical Education and Sport Pedagogy*, v. 23, n. 4, p. 345-357, 2018.

POCOK, T.; MIYAHARA, M. Inclusion of students with disability in Physical Education: a qualitative meta-analysis. *International Journal of Inclusive Education*, v. 22, n. 7, p. 751-766, 2018.

QVORTRUP, A.; QVORTRUP, L. Inclusion: dimensions of inclusion in education. *International Journal of Inclusive Education*, v. 22, n. 7, p. 803-817, 2018.

REEVES, P.; NG, S. L.; HARRIS, M.; PHELAN, S. K. The exclusionary effects of inclusion today: (re)production of disability in inclusive education settings. *Disability & Society*, v. 37, n. 4, p. 1-25, 2020.

REKAA, H.; HANISCH, H.; YTTERHUS, B. Inclusion in Physical Education: teacher attitudes and students experiences. A systematic review. *International Journal of Disability Development and Education*, v. 66, n. 1, p. 1-20, 2018.

RODRIGUES, D. A. Educação e a diferença. *In*: RODRIGUES, D. A. (ed.). *Educação e diferença*: valores e práticas para uma educação inclusiva. Porto: Porto Editora, 2001.

SAVIANI, D. *Escola e democracia*. Campinas: Autores Associados, 2008.

SLEE, R. How do we make inclusive education happen when exclusion is a political predisposition? *International Journal of Inclusive Education*, v. 26, n. 2, p. 1-12, 2012.

SOARES, C. L. *Educação física*: raízes europeias e Brasil. Campinas: Autores Associados, 2012.

SYKES, H. The qBody Project: from lesbians in Physical Education to queer bodies in/out of school. *Journal of Lesbian Studies*, v. 13, n. 3, p. 238-254, 2009.

TANT, M.; WATELAIN, E. Forty years later, a systematic literature review on inclusion in Physical Education (1975-2015): a teacher perspective. *Educational Research Review*, v. 19, p. 1-17, 2016.

THOMAS, C. How disability is understood? An examination of sociological approaches. *Disability & Society*, v. 19, n. 6, p. 569-583, 2004.

THOMAS, C.; CORKER, M. A journey around the social model. *In*: CORKER, M.; SHAKESPEARE, T. (ed.). *Disability/postmodernity*. Londres: Continuum, 2002. p. 18-31.

TOJAL, J. *Epistemologia da educação física*. Lisboa: Instituto Piaget, 2010.

UN. *Universal Declaration of Human Rights*. UN General Assembly, 1948.

UN. *Convention on the Rights of the Child*. UN General Assembly, 1989.

UN. *Convention on the Rights of Persons with Disabilities*. Resolution adopted by the General Assembly. UN General Assembly, 2007.

UNESCO. *Education for all*: meeting our collective commitments. Notes on the Dakar Framework for Action. Paris: Unesco, 2000.

UNESCO. *Towards inclusion in education*: status, trends and challenges. The Unesco Salamanca Statement 25 years on. Paris: United Nations Educational, Scientific and Cultural Organization, 2020.

WATSON, N.; VEHMAS, S. Disability studies: into the multidisciplinary future. *In*: WATSON, N.; VEHMAS, S. (ed.). *Routledge handbook of disability studies*. 2. ed. Londres: Routledge, 2020. p. 3-13.

WILHELMSEN, T.; SORENSEN, M. Inclusion of children with disabilities in Physical Education: a systematic review of literature from 2009 to 2015. *Adapted Physical Activity Quarterly*, v. 34, n. 3, p. 311-337, jul. 2017.

WILSON, W. J.; THERIOT, E. A.; HAEGELE, J. Attempting inclusive practice: perspectives of physical educators and adapted physical educators. *Curriculum Studies in Health and Physical Education*, v. 11, n. 1, p. 1-17, 2020.

WRIGHT, J.; BURROWS, L. Re-conceiving ability in Physical Education: a social analysis. *Sport, Education and Society*, v. 11, n. 3, p. 275-291, 2006.